T0129618

essentials

essentials liefern aktuelles Wissen in konzentrierter Form. Die Essenz dessen, worauf es als „State-of-the-Art" in der gegenwärtigen Fachdiskussion oder in der Praxis ankommt. *essentials* informieren schnell, unkompliziert und verständlich

- als Einführung in ein aktuelles Thema aus Ihrem Fachgebiet
- als Einstieg in ein für Sie noch unbekanntes Themenfeld
- als Einblick, um zum Thema mitreden zu können

Die Bücher in elektronischer und gedruckter Form bringen das Fachwissen von Springerautor*innen kompakt zur Darstellung. Sie sind besonders für die Nutzung als eBook auf Tablet-PCs, eBook-Readern und Smartphones geeignet. *essentials* sind Wissensbausteine aus den Wirtschafts-, Sozial- und Geisteswissenschaften, aus Technik und Naturwissenschaften sowie aus Medizin, Psychologie und Gesundheitsberufen. Von renommierten Autor*innen aller Springer-Verlagsmarken.

Hans-Jörg Naumer

Grünes Wachstum

Mit „Green Growth" gegen den Klimawandel und für die Nachhaltigkeitsziele

2. Auflage

Mit einem Geleitwort von Prof. Dr. Ottmar Edenhofer

 Springer Gabler

Hans-Jörg Naumer
Frankfurt am Main, Deutschland

ISSN 2197-6708   ISSN 2197-6716   (electronic)
essentials
ISBN 978-3-658-42628-6   ISBN 978-3-658-42629-3   (eBook)
https://doi.org/10.1007/978-3-658-42629-3

Die Deutsche Nationalbibliothek verzeichnet diese Publikation in der Deutschen Nationalbibliografie; detaillierte bibliografische Daten sind im Internet über http://dnb.d-nb.de abrufbar.

© Der/die Herausgeber bzw. der/die Autor(en), exklusiv lizenziert an Springer Fachmedien Wiesbaden GmbH, ein Teil von Springer Nature 2022, 2023

Das Werk einschließlich aller seiner Teile ist urheberrechtlich geschützt. Jede Verwertung, die nicht ausdrücklich vom Urheberrechtsgesetz zugelassen ist, bedarf der vorherigen Zustimmung des Verlags. Das gilt insbesondere für Vervielfältigungen, Bearbeitungen, Übersetzungen, Mikroverfilmungen und die Einspeicherung und Verarbeitung in elektronischen Systemen.
Die Wiedergabe von allgemein beschreibenden Bezeichnungen, Marken, Unternehmensnamen etc. in diesem Werk bedeutet nicht, dass diese frei durch jedermann benutzt werden dürfen. Die Berechtigung zur Benutzung unterliegt, auch ohne gesonderten Hinweis hierzu, den Regeln des Markenrechts. Die Rechte des jeweiligen Zeicheninhabers sind zu beachten.
Der Verlag, die Autoren und die Herausgeber gehen davon aus, dass die Angaben und Informationen in diesem Werk zum Zeitpunkt der Veröffentlichung vollständig und korrekt sind. Weder der Verlag noch die Autoren oder die Herausgeber übernehmen, ausdrücklich oder implizit, Gewähr für den Inhalt des Werkes, etwaige Fehler oder Äußerungen. Der Verlag bleibt im Hinblick auf geografische Zuordnungen und Gebietsbezeichnungen in veröffentlichten Karten und Institutionsadressen neutral.

Planung/Lektorat: Isabella Hanser
Springer Gabler ist ein Imprint der eingetragenen Gesellschaft Springer Fachmedien Wiesbaden GmbH und ist ein Teil von Springer Nature.
Die Anschrift der Gesellschaft ist: Abraham-Lincoln-Str. 46, 65189 Wiesbaden, Germany

Das Papier dieses Produkts ist recyclebar

Was Sie in diesem *essential* finden können

- Eine Gegenüberstellung von „Degrowth" und „Green Growth".
- Eine Einordnung der Klimaziele in den Kontext der demographischen Entwicklung und den Nachhaltigkeitszielen der Vereinten Nationen.
- Einen Lösungsansatz für die klimaneutrale Welt durch Marktwirtschaft, Innovationen und Investitionen, ...
- ... und Argumente, warum eine „Kriegswirtschaft" dem Klima nicht dient.

Geleitwort von Prof. Dr. Ottmar Edenhofer

Prof. Dr. Ottmar Edenhofer ist Direktor und Chefökonom des Potsdam-Instituts für Klimafolgenforschung sowie Direktor des Mercator Research Institute on Global Commons and Climate Change und Professor für die Ökonomie und Politik des Klimawandels an der TU Berlin.

Die Herausforderung ist klar: Unser Wirtschaften der letzten hundert Jahre ging auf Kosten des Planeten. Das wärmer werdende Klima wird uns jetzt gefährlich, die Schäden durch Überflutungen und Stürme, durch Dürren und Hitzewellen werden immer größer – allen voran die menschlichen Folgen, aber auch die ökonomischen. Wer die drohenden Kosten eines entfesselten Klimawandels mit den Kosten für die Vermeidung desselben vergleicht, kommt zu einem unzweifelhaften Ergebnis: Emissionen drastisch vermindern ist günstiger als Laufenlassen.

Marktwirtschaften haben es bislang mit einem passenden Ordnungsrahmen immer geschafft, Herausforderungen mit Innovationen zu begegnen. Die Gesellschaft kann, sie muss diesem Fortschritt eine Richtung geben. Wenn die Politik den Rahmen setzt, können Technologien sich entwickeln: Wir brauchen Maßnahmen, die Treibhausgasemissionen effektiv zu begrenzen und somit die fatale Erwärmung unseres Planeten zu stoppen. Nur so können wir eine lebenswerte Welt für uns und unsere Kinder erhalten und die nötigen Anpassungen an das schon jetzt Unabwendbare angehen.

Nötig dafür ist nichts Geringeres als die größte Umwälzung seit der Industriellen Revolution: Weg von fossilen hin zu erneuerbaren Energien. Um unser gesamtes Wirtschaftssystem mitzunehmen, müssen wir uns dessen Mechanik zu Nutze machen: Der wohl wichtigste Hebel sind CO_2-Preise. Indem die Politik glaubhafte, unverrückbare Emissionsgrenzen festlegt und die verbleibenden Spielräume mit CO_2-Preisen absteckt, schafft sie sichere Rahmenbedingungen für grüne Investitionen. Nicht endlose Subventionen, sondern Anreize für Innovation – das bringt Deutschland, Europa und hoffentlich die Weltgemeinschaft auf den Pfad von Wohlstand und Treibausgasneutralität.

Hans-Jörg Naumer

Inhaltsverzeichnis

Einleitung und Übersicht

1

Ja, wir trennen den Müll und haben einen eigenen Komposter für die Bioabfälle. Wir fahren möglichst viel Rad oder gehen zu Fuß. Nehmen das Auto nur, wenn es nicht anders geht. Als fünfköpfige Familie sind wir bisher nur einmal in den Urlaub geflogen. Unser Energieversorger sagt mir Jahr für Jahr, dass unser Energieverbrauch im Vergleich mit seinen anderen Kunden unterdurchschnittlich ist. Und trotzdem haben wir einen CO_2-Fußabdruck von knapp 10 t pro Person und Jahr. Das liegt über dem deutschen Durchschnitt von 8,9 t. Das Pendeln fordert seinen Tribut. Aber selbst wenn wir unseren Fußabdruck, zusammen mit allen anderen Deutschen, sofort auf null reduzieren, also auf eine nicht vorstellbare Form der Subsistenzwirtschaft zurückfallen würden, würde es am Ende nicht reichen, den Klimawandel zu stoppen. Abgesehen davon, dass der Verzicht auf jegliche Form des Komforts, Sicherheit und Krankenfürsorge inklusive, politisch keine Mehrheiten hätte, würden wir als Deutschland nur 2 % des gesamten CO_2-Ausstoßes[1] der Welt einsparen, und uns gleichzeitig als eine der führenden Industrienationen (nicht nur) von der Klima-Weltbühne als Anwalt für die Klimaneutralität verabschieden. Natürlich müssen auch unsere 2 % auf null reduziert werden, sicher ist das keine Ausrede, mit unserer Umwelt nicht sorgsam umzugehen, aber: **Wie können wir Klimaneutralität erreichen?**

---

[1] Das Gas Kohlendioxid steht vereinfachend als Synonym für die Treibhausgase insgesamt.

Mein besonderer Dank gilt meiner Lektorin, Isabella Hanser, die mich zur 2. Auflage dieses Buchs inspiriert hat. Meinem Kollegen Klaus Papenbrock danke ich für konstruktive Verbesserungsvorschläge schon zur ersten Auflage.

© Der/die Autor(en), exklusiv lizenziert an Springer Fachmedien Wiesbaden GmbH, ein Teil von Springer Nature 2023
H. Naumer, *Grünes Wachstum*, essentials,
https://doi.org/10.1007/978-3-658-42629-3_1

▶ **Wichtig**

Was, wenn der Temperaturanstieg nicht von Menschen verursacht
wird?

Immer wieder kommt der Einwand auf, der Temperaturanstieg sei
nicht von Menschen verursacht. Alle Bemühungen diesen zu stoppen,
seien umsonst.

Die mir bekannten Studien, auch die Arbeiten von Ökonomen,
die sich auf den Zusammenhang von Treibhausgasen und dem Klimawandel beziehen, sind von Wissenschaftlern, die ernst zu nehmen
sind. Die Fülle der Arbeiten, die in den Sachstandbericht des Welt-
klimarates eingegangen sind, sprechen für sich. Aber nehmen wir
trotzdem an, am Ende hätten sie dennoch unrecht. Jede Theorie, so
lehrt der Philosoph Karl Popper, ist nur so lange haltbar, bis sie fal-
sifiziert und durch eine bessere abgelöst wird. Vielleicht kommt also
trotzdem einmal der Tag, an dem wir feststellen: Alles war umsonst.
Und? Wäre das ein Anlass, die Hände in den Schoß zu legen? Unter
Risikoerwägungen sicher nicht. Denn wenn wir nichts tun, um den
Klimawandel zu verhindern, dann aber feststellen, wir haben uns
geirrt, ist es zu spät. Ohne mehr Treibhausgase in der Atmosphäre
können wir leben, mit einer kaputten Umwelt nicht.

Nur, indem wir es schaffen, auf „Green Growth" – „Grünes Wachstum" – umzustellen. Genau darum geht es hier.

Dieses „Essential" beginnt deshalb damit, dass es Wachstum in den Kontext
von Demographie und Nachhaltigkeitszielen einordnet, dann die Frage aufwirft,
wie der Übergang zum Green Growth, dem grünen, nachhaltigen Wachstum gelingen kann, bevor es die Bedeutung von Innovationen und Investitionen aufzeigt
- und warum eine "Kriegswirtschaft" der falsche Weg wäre. Dabei geht es auch
darum, wie Investoren per „Finance For Future" dazu beitragen können.

Die Welt ist nicht genug? 2

2.1 Wachstum, Wohlstand, Klimawandel

Ich mag James Bond. Wenn ich mir eine neue Folge anschaue, kommt es mir zwar immer wieder so vor, als hätte ich Teile davon bereits in irgendeiner der vorherigen Plots gesehen, aber spannend bleibt er trotzdem. Und nie geht es um weniger als die Rettung der Welt. „Die Welt ist nicht genug", noch in der Hauptrolle mit Pierce Brosnan, ist dabei Programm: Es geht ums Öl – und damit einen Energieträger, von dem wir uns verabschieden müssen. Womit wir beim Thema wären: Weltrettung. Genauer: Unsere Welt vor dem Klimawandel zu bewahren, eine Aufgabe, die uns im August 2021 der „Weltklimarat", also das „Intergovernmental Panel on Climate Change" (IPCC), mit seinem sechsten Sachstandsbericht (IPCC 2021) erneut ins Pflichtenheft geschrieben hat. Für diesen Sachstandsbericht haben 234 Experten aus 66 Ländern die Erkenntnisse aus Studien zum Klimawandel ausgewertet, die seit dem letzten Bericht im Jahr 2013 erschienen sind. Damit wurde auch die Grundlage für die Weltklimakonferenz in Glasgow im November des gleichen Jahres geschaffen. Die Ergebnisse sind eindeutig: Der Temperaturanstieg schreitet schneller voran als erwartet. Ein Anstieg der Durchschnittstemperatur um 1,5 % gegenüber dem vorindustriellen Zeitalter, was als Verteidigungslinie gilt, wird sich kaum noch verhindern lassen, und: Er wird von Menschen verursacht.

Dabei hat alles so schön begonnen: Mit der industriellen Revolution und dem damit einhergehenden Wohlstandswachstum. Berechnet man die Wertschöpfung der Welt, gemessen am Bruttoinlandsprodukt (BIP), zurück bis zum Beginn unserer Zeitrechnung, zeigt sich, dass Wachstum und Breiten-Wohlstand ein Phänomen sind, das praktisch erst mit der Erfindung der Dampfmaschine durch

© Der/die Autor(en), exklusiv lizenziert an Springer Fachmedien Wiesbaden GmbH, ein Teil von Springer Nature 2023
H. Naumer, *Grünes Wachstum*, essentials,
https://doi.org/10.1007/978-3-658-42629-3_2

James Watt ins Rollen kam. Die Jahrhunderte davor gab es wenig Veränderung. Der überwiegende Teil der Bevölkerung war arm. Erst die Mechanisierung durch Dampfkraft gab den Anstoß zu Massenproduktion und am Ende zu Massenwohlstand. Was den Wohlstand und die Veränderungen gebracht hat, waren Innovationen, ein damit verbundenes Produktivitätswachstum und die gesellschaftliche Transformation, weg vom Ständestaat, hin zur Marktwirtschaft, in der sich die „schöpferische Kraft der Zerstörung" (Joseph Schumpeter) entfalten kann. Wachstum und Breitenwohlstand sind Phänomene, die faktisch erst mit der industriellen Revolution in der zweiten Hälfte des 18. Jahrhunderts einsetzten.

Aber dieses Wohlstandwachstum hat seinen Preis. Zeitgleich ist die Konzentration der Treibhausgase in der Erdatmosphäre angestiegen (Abb. 2.1). Nun ist Korrelation nicht Kausalität, worauf die Statistiker zu Recht hinweisen. Nur, weil sich etwas in die gleiche Richtung entwickelt, muss es noch lange keinen inneren Zusammenhang für diese Entwicklung geben – aber genau diesen Zusammenhang weist der Weltklimarat nach.

Das Potsdam-Institut für Klimafolgenforschung (Kotz et al. 2021) beschreibt die Entwicklung für Deutschland aus Sicht der Temperaturveränderung. Die Jahresmitteltemperatur hat sich für den Zeitraum 1991–2020 gegenüber 1961–1990 um einen Prozentpunkt erhöht und dürfte für den Zeitraum 2031–2060 um einen weiteren Prozentpunkt auf dann 10,5 ° zulegen. Die Zahl der Hitzetage dürfte auf 10,9 (8,1 im Zeitraum 1991–2020) p.a. steigen. Der Jahresniederschlag auf 810,4 mm p.a. anschwellen (778,2 im Zeitraum davor). Entsprechend sollten die Starkregentage von jährlich 2,7 auf 3,4 steigen.

Fazit

James Bond hat Recht: Die Welt ist nicht genug. Wir leben ökonomisch wie ökologisch betrachtet über unseren Verhältnissen. Weil wir aber nur eine Welt haben, rücken die natürlichen Grenzen immer näher. Aber die Ansprüche wachsen weiter, und schon jetzt ist ein großer Teil der Weltbevölkerung abgehängt von der Wohlstandsentwicklung.

2.2   Wir und „die anderen" 2,4 + 3 Mrd.

Nicht zuletzt die 17 Nachhaltigkeitsziele der Vereinten Nationen (oft auch als „SDGs" abgekürzt, „Sustainable Development Goals") erinnern uns daran, dass der Kampf gegen Hunger und Armut weitergeführt werden muss. Hier ist zwar schon viel erreicht worden, wie es sich z. B. beim Anteil der weltweit in absoluter

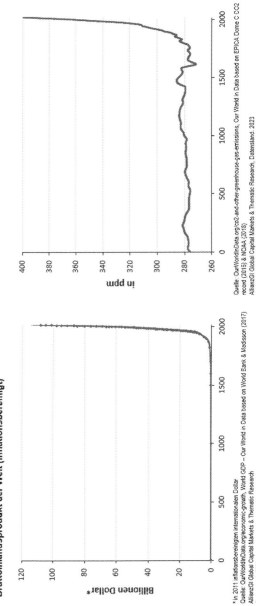

Abb. 2.1 Wachstum, Wohlstand, Klima

Armut lebenden Menschen zeigt, aber wir sind noch nicht am Ziel. Gleichzeitig wächst die Weltbevölkerung weiter, und sie wächst vor allem in den ärmeren Regionen. Bis 2100 soll die Weltbevölkerung, gem. der mittleren Variante der Bevölkerungsprognose der Vereinten Nationen von 2022, von etwas über 8 auf dann 10,4 Mrd. Menschen anwachsen. Der überwiegende Teil der Erdbewohner wird in Afrika auf die Welt kommen. Dabei spricht die WHO schon jetzt von den „forgotten 3 billion" – den vergessenen drei Milliarden Menschen (World Health Organisation 2021), die auch heute noch nicht über saubere Energie im Haushalt verfügen, sondern an offenen Feuern und unzulänglichen Öfen kochen – mit allen Implikationen für Gesundheit und Umwelt bis hin zum frühen Tod. Diesen Menschen Zugang zu einer sauberen Energieversorgung zu verhelfen, wäre nicht nur ein wichtiger Schritt für die Gesundheit, sondern auch ein Beitrag gegen die Luftverschmutzung und für erhöhte Energieeffizienz – mit entsprechend verringertem Kohlendioxidausstoß.

Es bestehen schon jetzt unerfüllte Bedürfnisse, die für ein menschenwürdiges Leben von größter Bedeutung sind.
In den SDGs, die bis 2030 erfüllt sein sollen, spiegelt sich dies mit den Zielen mit „Kein Hunger", „Keine Armut", „Gesundheit und Wohlergehen", „sauberes Wasser und sanitäre Einrichtungen" … wider. Wer wollte sagen, dies seien keine erstrebenswerten Ziele? Aber wie sollen sie erreicht werden? Steht nicht die ökologische Begrenztheit im Widerspruch zu einer ganzen Reihe der SDGs, vielleicht sogar gegen die Gesamtheit der Nachhaltigkeitsziele?

Fazit

Es wird nicht ohne Wachstum gehen. Es muss nur ein anderes Wachstum sein.

Wachstum: Keine Frage des „Ob", sondern des „Wie"

3

3.1   „Degrowth" oder „Green Growth"?

Der Kampf gegen den Klimawandel gleicht einem Wettlauf gegen die Zeit. Spätestens 2050, so sind sich die Industrienationen einig, soll es soweit sein: Der CO_2-Ausstoß beträgt in Summe Null. China, das einen Anteil am weltweiten CO_2-Ausstoß von etwas über 30 % hat, will bis 2060 folgen.

Einer der in der Diskussion befindlichen Lösungsansätze zur Verhinderung des Klimawandels heißt „Degrowth". Dieser Ansatz sieht seine Begründung in der Begrenztheit der Ressourcen und wurde bereits in „Die Grenzen des Wachstums. Bericht des Club of Rome zur Lage der Menschheit" im Jahr 1972 manifestiert (Meadow 1972). Nach mehreren Aktualisierungen erschien 2016 „Reinventing prosperity" mit der Grundaussage: „Ein Prozent (Wachstum) ist genug". Dabei ging es auch darum, das Wachstum der Weltbevölkerung als einen der wichtigsten Treiber für den Ressourcenverbrauch zu drosseln und ins Negative zu verkehren (Maxton 2016). Gedanken, die an Thomas Robert Malthus und seinen Aufsatz „The Principle of Population" aus dem Jahre 1798 erinnern. Malthus rechnete die Bevölkerungsentwicklung und den Nahrungsmittelbedarf hoch und erwartete Hungersnöte. Was er übersah, waren die großen Fortschritte der Agrarproduktion, die es ermöglicht immer mehr Menschen zu ernähren.

Der Begriff „Degrowth" selbst stammt ebenfalls aus dem Jahr 1972 und geht auf den Sozialphilosoph André Gorz zurück, der das ursprüngliche Wort – „décroissance" – aus dem Französischen schöpfte. 2008 auf einer Degrowth-Konferenz wurde dann der englische Begriff in die Debatte eingebracht. Abgeleitet aus der französischen Wortschöpfung weist der Begriff mit dem Präfix „dé" darauf hin, dass es sich um das Gegenteil von Wachstum, also um negatives Wachstum handelt. Eine scharfe Begriffsdefinition gibt es dabei nicht. Im Kern laufen die Ansätze aber alle auf weniger Wachstum hinaus (vgl. Klaas et al. (2021)).

© Der/die Autor(en), exklusiv lizenziert an Springer Fachmedien Wiesbaden GmbH, ein Teil von Springer Nature 2023
H. Naumer, *Grünes Wachstum,* essentials,
https://doi.org/10.1007/978-3-658-42629-3_3

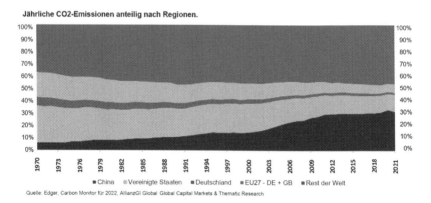

Quelle: Edgar, Carbon Monitor für 2022, AllianzGI Global Global Capital Markets & Thematic Research

Abb. 3.1 Jährliche CO_2-Emissionen - die aufstrebenden Länder holen auf

Die Herausforderung dabei: Null- oder sogar Negativwachstum müsste ein global durchgeführter Ansatz sein, das wird z. B. auch bei den CO_2-Emissionen deutlich. Nur ein kleinerer Teil (ca. 12 %) kommt aus der EU, ca. 1,8 % kommen aus Deutschland, ein größerer, aber im Trend abnehmender, Teil aus den USA. Auch Japan steuert verhältnismäßig wenig bei, während der Anteil Chinas und der aufstrebenden Staaten über die Jahrzehnte deutlich zugenommen hat (Abb. 3.1).

Eine Lösung, besteht darin, nicht mehr zu wachsen, und dafür den Bestand umzuverteilen. Wie schwierig, ja unmöglich dies ist, verdeutlicht Milanovic (2021), einer der wohl profiliertesten Forscher zum Thema Ungleichheit. Er kommt zu dem Ergebnis, wenn das Wirtschaftswachstum der Welt auf dem aktuellen Niveau eingefroren würde, müssten entweder 10–15 % der Weltbevölkerung in absoluter Armut verbleiben und ca. die Hälfte bei kaufkraftbereinigten sieben US-Dollar am Tag leben – oder es müsste zu massiven Umverteilungen kommen, was schlicht nicht möglich ist. In Kaufkraft gemessen, so zeigt Milanovic, verfügen die Menschen im globalen Durchschnitt über 16 US$ pro Tag. Aber nur 14 % der in westlichen Ländern Lebenden liegen unter diesem Durchschnitt. Folglich müssten also 86 % dieses Bevölkerungsteils überzeugt werden, von ihrem Lebensstandard, der auch z. B. Zugang zu Gesundheitsleistungen und die Finanzierung von innerer Sicherheit und Altersvorsorge umfasst, abzugeben. Ohne, dass damit die Armut abgeschafft würde, sie würde nur nivelliert. Dabei wäre diese Umverteilung nur ein einmaliger Schritt. Die Folgen für das weitere Wachstum wären kaum abschätzbar, da nach dieser Erfahrung niemand mehr einen Anreiz hätte über den globalen Durchschnitt beim täglichen Einkommen zu gelangen – ja im Sinne des „Degrowth" auch gar nicht mehr haben soll. Umverteilung lässt den Kuchen nicht größer, sondern kleiner werden. Bleibt zu erwähnen, dass sich dieses Gedankenmodell auf die heute lebenden knapp 8 Mrd. Menschen bezieht, und nicht auf die erwarteten 10,4 Mrd. Realistisch? Wenn schon für drei der heute ca. acht Milliarden lebenden Menschen die 17 Nachhaltigkeitsziele erst noch erreicht werden müssen, wie sollen diese dann für die noch bis 2100 erwarteten drei Milliarden realisiert werden?

Was wir brauchen ist nicht „Degrowth", sondern „Green Growth". Was aber ist unter „Green Growth – Grünes Wachstum" zu verstehen? Der Begriff ist nicht eindeutig abgegrenzt. Er steht oft in Verbindung mit der „Green Economy" oder auch einer nachhaltigen Wirtschaft. Er grenzt sich von einem Nullwachstums- oder auch „Degrowth"-Konzept ab, und will das Spannungsfeld zwischen Nachhaltigkeit und Wachstum/Ressourcenverbrauch durch eine Entkoppelung erreichen. Eine bewusste Neuausrichtung der Wirtschaft also, wie sie die OECD in ihrer erstmalig 2011 erschienen Studie „Towards Green Growth" (OECD 2011) thematisiert hat, was begrifflich von weiteren Institutionen mit variierenden Konnotationen aufgenommen wurde. Dabei gewann der Begriff selbst 2008 an Popularität, dem Jahr des Ausbruchs der globalen Finanzkrise. Er verband in diesem Kontext umweltfreundliche, fiskalische Stimuli als Gegenmaße zu der Krise, welche auch gleichzeitig Umweltziele verfolgen (Klaas et al. 2021). Eine einheitliche Begriffsdefinition gibt es aber auch hier nicht (vgl. dazu auch Ringel (2021)). Im Kern verbindet der Begriff Wirtschaftswachstum mit ökologischen Zielen.

▶ **Wichtig**
Im hier verwendeten Kontext bedeutet Grünes Wachstum, Wachstum ohne Ausstoß von Klimagasen in der Summe. „Net-Zero-Economy" ist der gerne verwendete Fachbegriff dafür.
   Wachstum, verstanden nicht als Selbstzweck, sondern als Notwendigkeit: für die ebenfalls weiter wachsende Bevölkerung, wie auch für die ca. drei Milliarden Menschen, denen es auch heute noch am Nötigsten fehlt. „Net-Zero" („Netto Null") verweist darauf, dass es nicht darum geht, Treibhausgasemissionen generell zu verhindern, sondern dass es in der Summe um ein neutrales Aufkommen geht. Gibt es unerwünschte Überschüsse, müssen Emissionen an anderer Stelle durch sogenannte „Senken" der Umwelt wieder entzogen werden.

Fazit

In Anbetracht bestehender und zukünftiger Verteilungskonflikte ist Wachstum keine Frage des „Ob", sondern des „Wie". Die demographische Entwicklung, die innerhalb einer gewissen Bandbreite abläuft wie ein Uhrwerk hat die Frage nach dem Wachstum längst entschieden. Wir könnten gar nicht so viel weniger wachsen oder so viele Kinder weniger bekommen, um die globale Entwicklung auszugleichen.

3.2   Mehr mit weniger

Dabei bringt mehr Wachstum nicht zwingend mehr Umweltverbrauch mit sich, genauer: mehr Ausstoß an Treibhausgasen. Das lässt sich schon jetzt beobachten. Die sogenannte CO_2-Intensität, welche den CO_2-Ausstoß der Wirtschaft ins Verhältnis mit der Wertschöpfung (gemessen als Bruttoinlandsprodukt) setzt, ist seit 1960 im globalen Maßstab auf weniger als die Hälfte zurückgegangen, d. h. je Einheit Bruttoinlandsprodukt wird weniger als 50 % dessen an Kohlendioxid ausgestoßen, was noch 1960 in die Umwelt gelangte. Anders ausgedrückt: Für eine Einheit Kohlendioxidausstoß schaffen wir heute das Doppelte an Wertschöpfung. Dabei ist diese Entwicklung nach Regionen und Ländern betrachtet sehr unterschiedlich. Besonders die großen Ökonomien zeigen, wohin die Reise geht. So ist die CO_2-Intensität der USA im Vergleichszeitraum auf weniger als 30 % zurückgegangen. Im Fall Deutschlands und Chinas hat sie sich sogar mehr als geviertelt. Auch das Vereinigte Königreich und Frankreich liegen an der Spitze mit dabei (Abb. 3.2).

Über diese relative Betrachtung hinaus ist es entscheidend, dass die Treibhausgasemissionen insgesamt zurückgehen. Im Weltmaßstab zeigt sich zwar nur eine Verlangsamung des Anstiegs (bei einem Rückgang im Ausnahmejahr 2020), aber noch keine Trendumkehr, schon gar keine Trendumkehr in Richtung Netto-Null-Emissionen. Dennoch haben es einige Regionen der Welt geschafft, die Treibhausgase Jahr für Jahr zu verringern. Im Falle der USA sind diese vom Trend her seit 2007 rückläufig. Die Europäische Union incl. Großbritanniens haben den Scheitelpunkt schon ein paar Jahre früher überschritten. Speziell für Deutschland setzte diese Umkehr bereits 1990 ein. Nach Berechnungen von Our World in Data betrug der Rückgang bis einschließlich 2021 ca. 35 % (Abb. 3.3). (Abb. 3.4) verdeutlicht dies. Sie zeigt für Deutschland das Wachstum des Bruttoinlandsproduktes (real, also ohne Inflationseffekt) und die CO_2-Emissionen seit

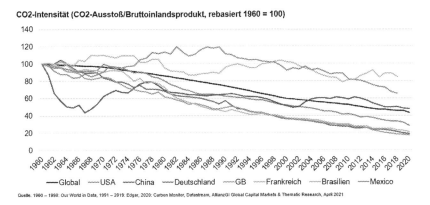

Abb. 3.2 Sinkende CO_2-Intensität = mehr Wertschöpfung, weniger Emissionen

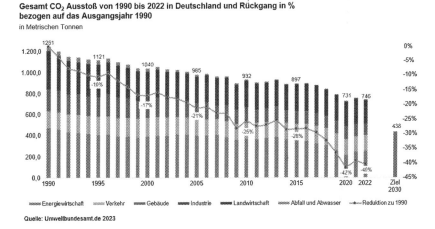

Abb. 3.3 Gesamt CO_2 Ausstoß von 1990 bis 2021 in Deutschland: Viel erreicht, noch mehr zu tun.

1850. Damit die beiden Größen, die sehr unterschiedliche Einheiten haben, verglichen werden können, wurden beide im Jahr 1990 auf 1 rebasiert. Hier zeigt sich eine Entkoppelung sehr deutlich: Während sich die Wertschöpfung seither verdoppelt hat, ging der CO_2-Ausstoß um besagte 35 % zurück. Eine Entwicklung, die sich nicht nur im Falle Deutschlands zeigt, sondern in ähnlicher Weise auch

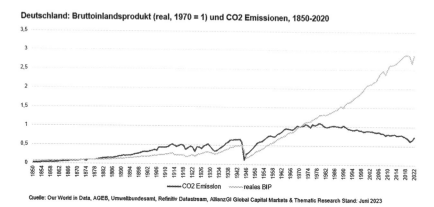

Abb. 3.4 Die Entkoppelung von Wachstum und CO_2 Emissionen findet längst statt - nicht nur in Deutschland.

für eine ganze Reihe anderer Staaten, wie z. B. auch der größten Volkswirtschaft der Welt, den USA.

> Interessant dabei: Die Entkoppelung von Wachstum und Ressourcen-verbrauch zeigt sich nicht nur beim Umwelt- und, damit gekoppelt, dem Energieverbrauch, sondern auch bei anderen Rohstoffen (vgl. McAfee (2019)).

Was nicht übersehen werde sollte, ist die Tatsache, dass der Ausstoß an Treibhausgasen einer Volkswirtschaft nicht mit den tatsächlich verursachten Treibhausgasen einhergehen muss. Durch die Verlagerung z. B. von Produktion, kann die Klimagasbilanz hübsch gerechnet werden. Deshalb muss die konsu-morientierte Betrachtung miteinbezogen werden. Die Blickrichtung ist hier die Frage, wie viel Treibhausgase ein Land emittiert gemessen an der gesamtwirt-schaftlichen Nachfrage. Die Klimabelastung die im Ausland verursacht wird, wird entsprechend in der Bilanz berücksichtigt. Also: Die Treibhausgase, die für die Produktion meines Solarpanels aus China dort verursacht wurden, gehen bei uns in die Berechnungen mit ein. Tatsächlich kommt es hier zu Verschiebungen der Klimabilanz, was allerdings das Gesamtbild der Entkoppelung nicht ändert, diese Entwicklung allerdings dämpft (Abb. 3.5). Konsumbasiert steigt der Pro-Kopf-Ausstoß Deutschlands um ca. 16 % auf knapp 10 t (was mich etwas beruhigt, denn so liege ich doch genau im Schnitt des durchschnittlichen CO_2-Ausstoßes

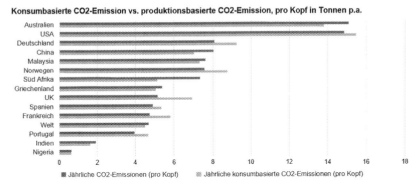

Abb. 3.5 Konsumbasierte CO_2-Emission vs. produktionsbasierte CO_2-Emission (pro Kopf in Tonnen)

in Deutschland wie eingangs erwähnt). Für die USA steigt er um 7 %. China, als einer der größten Exportnationen weist dagegen einen Rückgang von knapp 10 % aus, d. h. das Land der Mitte exportiert Treibhausgase mit seinen Exporten im Saldo mit.

Das Ziel ist klar: Bis 2050 muss der Saldo der Treibhausgase Null sein. Global. Es geht um die vollständige Transformation unserer Volkswirtschaften zur Klimaneutralität – auch Dekarbonisierung genannt.

Fazit

Wenn es darum geht den Klimawandel aufzuhalten, muss die Entkoppelung von Wachstum und Ressourcenverbrauch, insbesondere der Ressource „Umwelt", voranschreiten. Was dafür gebraucht wird sind Investitionen, Innovationen und eine Ökologisch-Soziale Marktwirtschaft. Der Beginn einer Kriegswirtschaft als de facto Planwirtschaft wäre der Beginn der Klimakatastrophe.

3.3 Kriegswirtschaft oder Ökologisch-Soziale Marktwirtschaft

Wie aber den Treibhausgasen den Kampf ansagen? Mit plan- oder marktwirtschaftlichen Methoden? Gerade die Planwirtschaft hat in jüngerer Zeit Befürworter in Gestalt einer „Kriegswirtschaft" gefunden.

Ein Vorstoß, der nach meiner Beobachtung von Ulrike Herrmann mit Ihrem Buch „Das Ende des Kapitalismus" (Herrmann 2022) in die Diskussion eingebracht wurde. Aber auch in Frankreich wurde er mir von einer Klimaaktivistin im Verlauf einer Fernsehdiskussion vorgeschlagen. Die Idee klingt nicht schlecht: Wir befinden uns im Krieg gegen den Klimawandel. Alles muss sehr schnell gehen, also erklären wir den Treibhausgasen den Krieg. Der Staat nimmt alles in die Hand, und richtet die Wirtschaft auf ihr größtes Ziel aus: Den Treibhausgasausstoß zu reduzieren. Der mit dem Kapitalismus so gerne verbundene „Wachstumszwang" werde aufgehoben, so die Begründung. Das Privateigentum an den Unternehmen bleibe bestehen, der Staat solle lediglich vorgeben, was und wie viel produziert wird. Alles unter der Maxime des Klimaschutzes. Als Vorbild wird i.d.R. die Kriegswirtschaft Großbritanniens angeführt. Das Inselreich hatte von 1940 bis 1945 alle Anstrengungen auf den Kampf gegen das nationalsozialistische Deutschland konzentriert. Selbst Kalorienvorgaben gab es für die Bevölkerung. Die Produktion von Kriegsmaschinerie ging allem vor. Was gegen das nationalsozialistische Deutschland funktioniert hat, sollte das nicht auch gegen die Treibhausgase wirken?

Bedenken sind angebracht:

1. Damit eine Kriegswirtschaft auch ihre Wirkung entfalten kann, müssten zumindest die großen Länder alle mitmachen. Deutschland mit seinen weniger als 2% am globalen Treibhausgasausstoß wird nicht langen. Nicht vorstellbar, dass die Bundesrepublik ihre marktwirtschaftlichen Grundprinzipien schnell über Bord wirft, und noch weniger, dass es weitere Staaten in genügender Anzahl tun, damit sich ein Treibhausgas reduzierender Effekt einstellt. Denn faktisch ist eine Kriegswirtschaft eine Planwirtschaft. Zwar besteht das Privateigentum an Firmen und Kapital weiter, aber der Staat gibt mittels eines zentralen Plans vor, was wie wann produziert wird.
2. Die Motivation zur Kriegswirtschaft besteht im „Weniger" – weniger Wachstum, weniger CO_2-Emissionen. Ohne „Degrowth" ist Kriegswirtschaft nicht zu verstehen. Dieser Ansatz ist aber bei weitem nicht radikal genug: Degrowth ist bei der demographischen Entwicklung keine Option, schon gar keine, die über Deutschland und die reichen Industriestaaten hinausträgt. Und: Es geht nicht um weniger, es geht um keine Treibhausgase.
3. Es geht um einen dynamischen Prozess, bei dem alle verfügbaren Informationen und Innovationen benötigt werden. Ein komplexes, sich veränderndes System, dem eine Kriegswirtschaft nicht gerecht werden kann.
4. Diese kann bestenfalls auf dem Wissensstand des Status-Quo agieren. Was Wettbewerbsordnung und Marktwirtschaft war, wird zur zentralen Plan- und

Verwaltungswirtschaft – wie wir sie von der DDR auch kannten, lediglich dort verbunden mit Staats- statt Privateigentum. An die Stelle der „schöpferischen Zerstörung" (Joseph Schumpeter) tritt die **„Anmaßung von Herrschaftswissen"** (Friedrich August von Hayek) des Staates, der Güter und Dienstleistungen zuteilt, und gleichzeitig dem Anspruch gerecht werden muss, Innovationen hervorzubringen. Und Innovationen brauchen wir auf dem Weg zur Klimaneutralität.

5. Mit dem Übergang zur Kriegswirtschaft wird nicht nur unsere Wirtschaftsordnung ausgehebelt, es kommt auch zu massiven, staatlichen Eingriffen bis hinein in die privaten Konsumentscheidungen. Wie dürfen wir noch wohnen, womit heizen, was essen, wie oft (falls überhaupt) in Urlaub fliegen, ...? Es geht nicht nur um die Produktion, es geht auch um den Konsum. Es geht darum wer, was oder ob überhaupt etwas herstellen kann. Mit Konsequenzen auch für die Arbeitsplätze. Alles, alles muss der Staat vorgeben. Die Ressourcenallokation erfolgt nicht über den Markt und die Preise, sondern über staatliche Vorgaben. Nichts aber ist effizienter als der Preismechanismus. Interessant in diesem Zusammhang: In der planwirtschaftlich organisierten DDR waren die Pro-Kop-CO_2-Emissionen fast doppelt so hoch wie in der Bundesrepublik. Da Energie wenig kostete, wurde die Temperatur von Wohnungen oft über das Öffnen von Fenstern statt über das Regulieren per Thermostat angepasst.

6. Und: Wie lange soll diese Kriegswirtschaft andauern? Wann ist der „Krieg" vorbei? Wer bestimmt das? Zentrale Plan- und Verwaltungswirtschaften sind immer Mangelwirtschaften. Im Sinne des Klimaschutzes soll es ja sogar gezielt zu Mangel kommen, damit das Wachstum verringert wird. Wird das Ziel, Treibhausgasreduktion, nicht erreicht, bleibt der Grund für staatliche Planung erhalten. Ein System stabilisiert und begründet sich selbst, während der Grund seines Versagens in ihm selbst begründet liegt.

7. Ist der Beginn der Kriegswirtschaft nicht das Ende der **„offenen Gesellschaft"** (Karl Popper) und damit der Demokratie? Einmal eingeführt, stört der politische Parteien Wettbewerb nur. Wenn der Mangel – wie gewollt – zunimmt, wächst die politische Unzufriedenheit und der Anreiz Parteien mit alternativen Lösungen zu wählen. Damit das System der Kriegswirtschaft stabil bleibt, muss auch der politische Wettbewerb ausgeschaltet werden. Es ist aber kaum zu erwarten, dass der Souverän dem Mangel und den starken, dirigistischen Vorgaben für seine Lebensgestaltung auf Dauer (falls überhaupt) zustimmt. Damit stellt sich spätestens die Frage nach der Demokratie: Wird diese nicht zwangsläufig ebenfalls Opfer der Kriegswirtschaft?

Fazit

Das Ende der Marktwirtschaft wäre der Anfang der Klimakatastrophe. Nicht eine zentrale Plan- und Verwaltungswirtschaft ist die Lösung, sondern die Ökologisch-Soziale Marktwirtschaft.

Wie also kann Klimaneutralität erreicht werden?

Die „Soziale Marktwirtschaft" bietet den Ordnungsrahmen dazu. 2022 jährte sich ihr Entwurf zum 80-igsten Mal, denn sie geht auf die Freiburger Denkschrift zurück. Diese wurde im November 1942 im Auftrag Dietrich Bonhoeffers in Vorbereitung einer Nachkriegswirtschaftsordnung (!) von einem kleinen Kreis Freiburger Professoren verfasst. Die Anlage 4 zur Wirtschafts- und Sozialordnung sollte die Blaupause für das werden, was als Soziale Marktwirtschaft eine Erfolgsgeschichte wurde (AEU 2015). Grundlegend für sie ist, was Walther Eucken, einer der Mit-Autoren der Denkschrift, als das „Denken in Ordnungen" beschrieb. Darunter verstand er einen Ordnungsrahmen, innerhalb dessen sich die Wirtschaft entfalten kann.[1] Privateigentum, Wettbewerb, freie Preisbildung, stabiles Geld, das Verantwortungsprinzip und ein starker Staat, der die Spielregeln aufstellt und deren Einhaltung überprüft, gehören dabei zu den Ecksteinen, ebenso wie eine solide Finanzpolitik und der Kampf gegen Kartelle und Monopole, die dem „Leistungswettbewerb" (Eucken) entgegenstehen.

Wettbewerb ist nicht nur ein „herrschaftsfreier Kontrollmechanismus" (Franz Böhm). Er ist vor allem auch der Treiber von Innovationen. Wer sich im Wettbewerb behaupten muss, hat immer einen Anreiz sich durch Innovationen einen Wettbewerbsvorteil zu verschaffen. Wettbewerb ist ein „Entdeckungsverfahren" (Hayek 2017) für Neues. Im Wettbewerb stehen die Anbieter immer unter dem Druck ihr Angebot zu verbessern, bzw. Innovationen zu generieren, und das zu den günstigsten Preisen, um sich einen Wettbewerbsvorteil verschaffen zu können.

Preisen kommt die Lenkungsfunktion zwischen Angebot und Nachfrage zu.

Sie signalisieren die Knappheit von Gütern und die Zahlungsbereitschaft dafür. Dabei ist es entscheidend, dass in den Angebotspreisen auch alle Kosten der Entstehung enthalten sind. Ist dies nicht der Fall, liegen verzerrte Preise vor. Es kommt zu einem übermäßigen Verbrauch. Da die Preise niedriger sind, als dies ihren tatsächlichen Kosten entspricht, treffen sie auf mehr Nachfrage.

---

[1] Auch heute noch lesenswert dazu ist Eucken (2004), der wohl wichtigste Begründer des Ordoliberalismus.

Beispiel

Einem Kollegen fällt auf, dass eine Reinigung die Hemden deutlich preiswerter reinigt als alle anderen Reinigungen dies anbieten. Vor Ort ist aber nur eine Annahmestelle zu sehen. Auf seine Frage, wo denn die Reinigung erfolge, heißt es, die Wäsche wird im benachbarten Ausland gewaschen. Dagegen ist nichts zu sagen. Das ist Wettbewerb und in der Europäischen Union gehört der freie Verkehr von Waren und Dienstleistungen zu den vier Grundfreiheiten. Aber sind in dem Preis für die Reinigung auch die Kosten für den Straßenverbrauch, die Verkehrsbelastung und die umweltschädlichen Abgase enthalten? Nur dann wäre es ein fairer Preis, an dem sich alle Wettbewerber messen müssen.◄

Wenn wir den Klimawandel stoppen wollen, brauchen wir Wettbewerb und kosteneffiziente Preise: Wettbewerb, der Innovationen in Richtung Klimaneutralität fördert. Preise, die alle Kosten widerspiegeln, und eine Lenkungs- und Anreizfunktion haben, damit über die Zeit der Ausstoß von Klimagasen immer weiter verringert wird. Die Lenkungsfunktion betrifft dabei nicht nur die Produktion selbst, sondern setzt die Anreize zur Innovation.

Die Umwelt, bzw. der CO_2-Ausstoß, wenn es um den Klimawandel geht, muss ein Preisschild bekommen. Sonst bleibt die „Umwelt" ein vermeintlich freies Gut, genauer sogar ein Allmendegut; ein zwar knappes Gut, aber eines ohne Ausschlussrechte (Müller 2018). Die Umwelt gehört niemandem, d. h. es gibt keine Privateigentümer, die andere von der Nutzung ausschließen können. Da der Umweltverbrauch vermeintlich keinen Preis für Konsum und Produktion hat, und niemand vom Verbrauch ausgeschlossen werden kann, kommt es zur Übernutzung. Genau hier setzt die Lenkungsfunktion des Preises an, welche eine Übernutzung verhindern soll. – Die „Umwelt", also in unserem Fall die Belastung mit Treibhausgasen, muss in der Preisbildung berücksichtigt werden.[2]

Hier wird deutlich, warum die Soziale Marktwirtschaft im Kern bereits eine Ökologisch-Soziale Marktwirtschaft ist: Wenn es um den Übergang zur Null-Emissionen-Wirtschaft geht, bedarf es Innovationen – und damit eines „Entdeckungsverfahrens", wie dem Wettbewerb. Innovationen, wie die dafür notwendigen Erfindungen auch, lassen sich nicht planerisch vorgeben. Gleichzeitig ermöglicht

---

[2] Eine sehr gute Beschreibung der mikroökonomischen Zusammenhänge, die auch für Nicht-Ökonomen aufschlussreich ist, findet sich bei Petersen (2021). Das Zusammenspiel von Markt und Staat unter Aspekten des Umweltschutzes wird z. B. bei Ringel (2021) sehr eingängig beschrieben.

der Preismechanismus, dass externe Kosten „internalisiert" – also in der Kalkulation berücksichtigt – werden. Wenn Treibhausgase ohne Preisschild in die Umwelt entweichen, sind das nichts anderes als Kosten die „externalisiert", also auf andere überwälzt werden.

▸ Der Begriff „Ökologisch-Soziale Marktwirtschaft" tauchte erstmalig bei Hans Christoph Binswanger in den 70'er Jahren auf (Vgl. Wikipedia-Eintrag zu „Ökosoziale Marktwirtschaft", zuletzt geprüft am 1. Dezember 2021). Der Terminus ist nicht abschließend definiert und taucht mit anderen Begrifflichkeiten auf, z. B. als „öko-soziale Marktwirtschaft" (vgl. z. B. (Boetius et al. 2021)). Aus meiner Sicht grenzt er an Tautologie, da die Grundprämisse, dass Kosten internalisiert werden müssen, ohnehin Bestandteil des Konzepts der Sozialen Marktwirtschaft ist. Wäre den Begründern der Sozialen Marktwirtschaft bewusst gewesen, dass Treibhausgase Kosten verursachen, hätten sie mit einiger Sicherheit auf die Einbeziehung der Kosten gedrungen, oder dies als Selbstverständlichkeit vorausgesetzt. Die Begrifflichkeit betont allerdings das nicht immer Selbstverständliche sehr gut. Und tatsächlich schrieb Alfred Müller-Armack, Staatssekretär von Ludwig Erhard und Namensgeber der „Sozialen Marktwirtschaft", bereits 1960 davon, dass der Staat eine „konkrete Umweltordnung" setzen müsse.

Wie hoch aber ist der Preis für CO_2? Das weiß niemand. Nicht einmal der Staat. Der Preis ist unbekannt, was aber bekannt ist, ist die Menge an CO_2, die noch ausgestoßen werden kann und innerhalb welchen Zeitraums die Net-Zero-Ökonomie erreicht werden muss, damit sich das Klimaziel noch erreichen lässt.

Mit diesen Parametern kann sich der Preis für den CO_2-Ausstoß aus Angebot und Nachfrage am Markt bilden, wenn dafür, wie es z. B. mittels des „European Trading Scheme" (ETS) Emissionsrechte handelbar gemacht werden. „Klimapolitik muss das Potenzial des Marktes nutzen" fordert deshalb auch eine Initiative an Wissenschaftlern, die der Ampel-Koalition zu deren Zustandekommen einen ökonomisch basierten Maßnahmenkatalog vorgelegt haben (Boetius et al. 2021).

Wie funktioniert das? Die Menge an Emissionsrechten wird ausgeschrieben und sinkt über die Zeit bis 2050, wenn das Klimaziel erreicht werden soll. Emittenten bekommen dazu zu Beginn eine maximale Menge an Emissionsrechten zugeschrieben, die innerhalb des Zeitrahmens handelbar sind.

Dieser Marktmechanismus bietet auch völlig neuen Geschäftsmodellen eine Chance. Er treibt nicht nur zu ständigen Reduktionen beim Ausstoß, da die Preise für Emissionsrechte über die Zeit mit der Verringerung der Rechte steigen, was den Druck auf Innovationen erhöht, er gibt auch Anbietern von Emissionsrechten eine Chance, also Anbietern, die der Umwelt Treibhausgase entziehen, oder die schneller Treibhausgas effizient werden.

Wie aber kann es zu einem einheitlichen Preis für Treibhausgase kommen, noch dazu möglichst weltweit, damit es nicht zu Wettbewerbsverzerrungen kommt? „ETS" und „Klimaclub" weisen den Weg.

3.4 Willkommen im Club

Handelbare Emissionsrechte sind wichtig, aber es muss sich um eine Lösung handeln, die folgende Kriterien erfüllt:

- Es darf nicht zu Wettbewerbsverzerrungen kommen, vor allem nicht in der Form, dass die Klimasünder Vorteile gegenüber den Nicht-Sündern haben.
- Umgehungstatbestände, z. B. durch Standortverlagerungen, müssen vermieden werden.
- Die Lösung muss dauerhaft sein, nur dann ist sie auch verlässlich.
- Es muss sich um eine möglichst globale Lösung handeln, gerade damit die Umweltsünder keine Wettbewerbsvorteile erhalten.

Nur wenn sich ein einheitlicher Preis für CO_2 herausbildet, der für alle gilt, nur dann herrscht Wettbewerbsgleichheit. Anderenfalls werden die von dem Umweltpreis belasteten Firmen vom Markt gedrängt, und jene Firmen, welche nicht die Kosten für CO_2-Emissionen berücksichtigen müssen, setzten sich durch. Eine geradezu perverse Selektion.

Auch muss ein sogenanntes **„Carbon Leakage"** verhindert werden. Von einem „Leck von Klimagasen" ist die Rede, wenn es zu Standortverlagerungen kommt. Treibhausgas intensive Produktionen werden in Länder mit geringem oder keinem Emissionspreis verlagert. Da die Anreize zur Klimaneutralität in der Folge sinken, steigen die Anreize sogar, achtloser mit der Klimabelastung umzugehen.

Beispiel

Stahl. Stahlproduktion ist hoch energieintensiv. Muss ein Stahlproduzent Rechte, Treibhausgase auszustoßen, kaufen, sein Wettbewerber aber nicht, hat letzterer einen Wettbewerbsvorteil, der umso höher ist, je höher der Preis für Klimagase ist. Das kann dazu führen, dass wegen des Wettbewerbsnachteils

die benachteiligte Firma aus dem Markt ausscheidet, und die Treibhausgase lediglich in einer anderen Region anfallen, und dort möglicherweise
höher sind, da der Wettbewerber eine geringere Klima-Effizient ausweist.
Alternative: Um dem Wettbewerbsnachteil zu entgehen, wird der Produkti-
onsstandort verlagert. Es kommt zu einem sogenannten „Carbon Leakage".
Einem „Kohlenstoff Leck", würde man diesen Fachterminus ins Deutsche
übersetzen.◄

Rein nationale, oder regionale Lösungen helfen kaum weiter, ja sie können sogar
negative Folgeeffekte haben, in deren Summe es nicht zu einem Rückgang, sondern zu einem Anstieg an Klimagasen kommt. Gleiche Spielregeln für alle heißt
die Devise, und idealerweise: Ein Markt, ein Emissionspreis für alle. Davon scheinen wir aber noch entfernt zu sein. Wenn es um einen Preis für das Klima geht,
sieht die Welt eher wie ein Flickenteppich aus. Nach Petersen (2021) gibt es Stand
2020 weltweit 61 Bepreisungsinitiativen für Kohlenstoff, die sehr unterschiedlich
ausfallen (vgl. auch Sachverständigenrat für Wirtschaft (2021, S. 428)). Schon die
Uneinheitlichkeit bei der Zielsetzung, bis wann der Ausstoß der Klimagase auf
eine Netto-Null zurückgefahren werden soll, zeigt, wie schwierig es ist einheitliche Lösungen zu finden. Deutschland will dieses Ziel bis 2045 erreicht haben,
die EU bis 2050, China bis 2060 und Indien erklärte auf der UN-Klimakonferenz
von Glasgow 2021 dies bis 2070 anzustreben.

Die Europäische Union führte bereits 2005 ihr sogenanntes „EU-Emissions-
Trading-Scheme" (kurz: EU-ETS) ein (vgl. hier und im Folgenden Petersen
(2021) und Göllinger (2021)). Seither müssen Firmen aus der Energiebranche
und der Industrie Emissionszertifikate über das ETS erwerben, wenn sie CO_2
ausstoßen. Die maximal zulässige Emissionsmenge wird jährlich verringert. Die
Schwäche des Konzepts liegt darin, dass nur 40–45 % der Gesamtemissionen der
EU erfasst werden, da für Verkehr, Gebäude und Landwirtschaft diese Maßgabe
nicht gilt. Als Antwort darauf, hat die Bundesrepublik, beginnend mit dem Jahr
2021, ein nationales Emissionshandelssystem ergänzend eingeführt.

Ein globaler Markt, ein sich aus der globalen Nachfrage-Angebotsfunktion
bildender Preis – das wäre die beste Lösung. Was aber, wenn es nicht dazu
kommt?

**Was liegt dann näher, als den eigenen Handelsraum mit einem Klimazoll zu
umgeben?** Wer z. B. in den EU-Raum mit seinen 450 Mio. Einwohnern exportieren
will, muss an der Grenze einen Ausgleich für den CO_2-Preis bezahlen. Anders werden die eigenen Firmen um den CO_2-Preis bei ihren Exporten darum entlastet, damit

sie keinen Wettbewerbsnachteil haben. Das Ganze könnte an den Grenzausgleich bei der Umsatzsteuer angelehnt werden.
Ideal ist diese Lösung nicht. Wenn es gelingt, den Importzoll den CO_2-Emissionen entsprechend zu erheben, ist die Wettbewerbsneutralität gewährleistet, Anreize zur Verlagerung der Produktion bestehen also nicht, aber es handelt sich nur um eine regional begrenzte Lösung. Diese steht noch dazu vor dem Problem, wie sie die Emissionen des Exportlandes berechnen soll bei unterschiedlichen Produktionsbedingungen im Zielland. Ein allgemeiner Importpreis, der auf die Ware aufgeschlagen wird, wäre – wenn er zu hoch ausfällt – ein Nachteil für das Exportland, wenn er zu niedrig ausfällt ein Vorteil für die Exporteure aus anderen Ländern, was wiederum nicht im Sinne der heimischen Industrie ist.

Auch könnten Importzölle Handelskonflikte hervorrufen, wenn diese nicht von den Exportländern akzeptiert werden (Petersen 2021). Insofern wäre die Integration in die Handelsbedingungen der WTO eine Lösung. Änderungen hier setzen allerdings Einstimmigkeit voraus.

Hier kommt der „Klimaclub" ins Spiel.
Er wurde von Ökonomie-Nobelpreisträger Nordhaus in einem Aufsatz im Jahr 2015 (Nordhaus 2015) ins Spiel gebracht, und findet mittlerweile auch in der Politik Anklang. Der Klimaclub besteht aus einer „Koalition der Willigen", wie es Veronika Grimm vom Sachverständigenrat ausdrückt (Der Tagesspiegel 2020), die sich in diesem Club zusammenschließen. Er sieht neben dem gemeinsamen Hauptziel, die Verminderung von CO_2-Emissionen für alle teilnehmenden Staaten, eine einheitliche CO_2-Steuer für die nicht teilnehmenden Länder vor, welche den Klimaclub als Zielregion für ihre Güter und Dienstleistungen haben. Alle spielen damit nach den gleichen Regeln. Importzölle untereinander zwecks Ausgleichs der CO_2-Emissionskosten sind nicht notwendig. Diese werden lediglich gegenüber Dritten erhoben. Da es zu einer gewollten Diskriminierung beim Handel nur gegenüber jenen Staaten kommen soll, die sich nicht zur CO_2-Emissionskosten verpflichtet haben, steht allen weiteren Staaten, die sich verpflichten an die Spielregeln zu halten, der Beitritt offen. Innerhalb des Clubs könnte sowohl der Preis für CO_2-Ausstoß festgelegt werden, oder alternativ auch handelbare Emissionsrechte eingeführt werden, wofür die Menge reguliert werden muss. Importzölle nach außen als Ausgleich von Wettbewerbsvorteilen der Nicht-Club-Mitglieder dürften nach Ansicht des Sachverständigenrats (in Rückgriff auf den Wissenschaftlichen Beirat beim BMWi; Sachverständigenrat für Wirtschaft (2021, S. 442)) mit WTO-Recht kompatibel sein, solange sie als Ausgleich für die CO_2-Bepreisung dienen.
Ein Klimaclub schafft ein „Clubgut" (Nordhaus), das in der gegenseitigen Freiheit von Klima-Importzöllen besteht, und schafft damit Anreize zum Beitritt. Je

großer der Club, desto größer das Absatzgebiet, desto größer ist auch der Anreiz beizutreten. Je größer aber der Club ist, desto mehr lohnen sich klimaschützende Technologien. Es kommt zu „Skalenerträgen". Aber auch wer nicht beitritt, hat einen Anreiz seinen CO_2-Ausstoß zu verringern, denn dadurch sinkt der Klimazoll. Damit kann die Klimaeffizienz auch jener Länder steigen, die sonst nur eine geringe oder keine Motivation haben diese zu steigern. Im Vergleich zu dem einen globalen Emissionspreis kann der Klimaclub als „second best" gewertet werden.

Die Bundesregierung forciert den Klimaclub und hat Eckpunkte dazu verabschiedet (BMF 2021) und den Gedanken bei der Klimakonferenz COP26 in Glasgow thematisiert (Die Zeit 2021). Mittlerweile konnte auch die G7 dafür gewonnen werden. Die Clublösung ließe sich in das EU-CO_2-Grenzausgleichssystem („Carbon Border Adjustment Mechanism"), welches die EU-Kommission im Juli 2021 angestoßen hat, integrieren. Es ist also mehr als nur ein schöner Traum.

3.5   Alles nur geträumt?

Der Klimaclub jedenfalls scheint bereits Gestalt anzunehmen. Auf Vorschlag von Bundeskanzler Olaf Scholz gründeten die sieben führenden Industrienationen im Dezember 2022 einen Klimaclub, der für alle Länder offenstehe und „breit getragen" werden soll. Wie „Die Zeit" vom 12. Dezember 2022 berichtet, sollen die Organisation für Wirtschaftliche Zusammenarbeit und Entwicklung (OECD) und die Internationale Energieagentur (IEA) die organisatorischen Vorbereitungen übernehmen. Den G7-Staaten sind mittlerweile Argentinien, Chile, Dänemark, Indonesien, Kolumbien, Luxemburg, Niederlande, Schweiz, Singapur, Südkorea und Uruguay beigetreten.

Was in den ersten Verlautbarungen der Bundesregierung noch fehlt, ist ein unmittelbarer Bezug auf den Emissionshandel und damit auf einen Preis für Treibhausgasemissionen der Teilnehmerländer. Immerhin: Ein Anfang ist gemacht.

Immerhin: Mit einem Anteil an 27 % am weltweiten Emissionsvolumen und einem Anteil von knapp 38 % am Welt-Bruttoinlandsprodukt hat sich um die G7 eine kritische Masse an Ländern zusammengefunden, was heißt, dass weitere Beitritte attraktiv werden. Wer wollte nicht in diesen - voraussichtlich weiter wachsenden - Club investieren? Einen Club, dessen Mitgliedsländer an der Spitze der Kaufkraft stehen.

Ein weiterer Anreiz für Beitritte ist auch der Ausbau des EU-ETS. Im Dezember 2022 wurde die EU-weite Menge an Zertifikaten einmalig auf 90 Mio. Tonnen CO_2-Äquivalente im Jahr 2024 und um 27 Mio. Tonnen im Jahr 2026 verringert.

Zusätzlich werden zwischen 2024 und 2027 jährlich 4,3 % weniger Zertifikate vergeben und von 2028 bis 2030 4,4 % weniger. Bis 2034 sollen alle kostenlos vergebenen ETS-Zertifikate für die Industrie auf Null reduziert werden. Zusätzlich wird ein zweiter, neuer Emissionshandel (ETS II) für CO_2-Emissionen im Straßenverkehr und von Gebäuden wird bis 2027 eingeführt. Der Seeverkehr wird ebenfalls in den Emissionshandel einbezogen, wie es in einer Verlautbarung des Europäischen Parlaments heißt. Entscheidend, gerade auch für den Ausbau des Klimaclubs, dürfte die Einigung auf einen „Grenzausgleichsmechanismus" („Carbon Border Adjustement Mechanism", CBAM) der EU sein. Die Grenzausgleichsabgabe wird auf Eisen, Stahl, Zement, Aluminium, Düngemittel, Elektrizität und Wasserstoff erhoben. Nur Länder, welche die gleichen Klimaziele wie die EU verfolgen, werde in die EU exportieren können, ohne einen Grenzausgleich zahlen zu müssen – ein starker Anreiz dem Club beizutreten, leben dort doch die kaufkräftigsten Konsumenten der Welt.

Fazit

Und wo die „Umwelt" einen Preis hat, da sorgt der Wettbewerb dafür, dass mit dieser Ressource schonend umgegangen wird. Innovationen und Investitionen zur Vermeidung von Klimagasen werden umso lohnender, wenn der Preis steigt.

Innovationen: Die „Kraft der schöpferischen Zerstörung" 4

Erinnern Sie sich noch, wann Sie die letzte, alte Glühlampe bei sich zu Hause eingeschraubt haben, die mehr Wärme als Licht erzeugte? Es ist lange her. Die schöpferische Kraft der Disruption hat nicht nur zu besseren, energieeffizienteren Beleuchtungen geführt, sondern wurde von einem enormen Preisverfall begleitet. So sind z. B. die Kosten für Photovoltaik-Anlagen über die letzten ca. 30 Jahre um 98 % gefallen und sind der wesentliche Grund dafür, dass 2013 der Kostengleichstand von Solar- mit Kohlestrom und 2015 mit Gas als Energiequelle erreicht wurde (Hellstern et al. 2021; Abb. 4.1).

Die nachhaltige Wirtschaft braucht Technologie, braucht Innovationen.
Ein Schlüsselfaktor ist die Elektrifizierung von Produktion, Transport und Gebäuden. Strom wird der wichtigste Energielieferant der Zukunft. Soll die Dekarbonisierung gelingen, dürfte sich die globale Elektrizitätsnachfrage nach Schätzungen von McKinsey bis 2050 verdoppeln. Der globale Kapazitätsausbau erneuerbarer Energien muss sich von drei Gigawatt pro Woche auf 15 bis 18 Gigawatt beschleunigen (Hellstern et al. 2021).

Dafür werden Innovationen für höhere Energieeffizienz, preiswertere und schnellere Akkus und „Smart Grids" für die Stromverteilung benötigt. Last but not least die Stromerzeugung selbst. Neben den „klassischen" regenerativen Energien (Solar, Wind, Geothermie) rückt Wasserstoff als Energieträger immer mehr in den Vordergrund.

Wenn Energiegewinnung und -versorgung immer dezentraler wird, wird der Künstlichen Intelligenz eine Schlüsselrolle zukommen. Beispiel: „Smarte" Netze – „smart grids". Diese „klugen" Städte können zu wichtigen Knotenpunkten in

© Der/die Autor(en), exklusiv lizenziert an Springer Fachmedien Wiesbaden GmbH, ein Teil von Springer Nature 2023

H. Naumer, *Grünes Wachstum*, essentials, https://doi.org/10.1007/978-3-658-42629-3_4

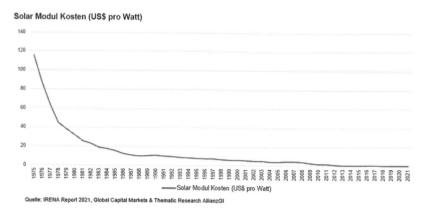

Abb. 4.1 Innovationen - die „schöpferische Zerstörung"

„klugen" Netzen werden. Netze der Stromversorgung. Wenn die regenerative Energie immer mehr zur Deckung des Energiebedarfs beiträgt, heißt dies auch, dass
die Produktion von Energie ebenfalls immer dezentraler und auch schwieriger zu
planen wird. Windenergie entsteht nicht dann, wenn sie gebraucht wird. Die Sonne
mag nicht scheinen, auch wenn die Industrieproduktion unter Volldampf steht. Zwi-
schenspeicher werden benötigt. Stromversorgung muss vorhersehbarer bleiben, der
Verbrauch klüger gesteuert werden (vgl. Süddeutsche Zeitung 2018 (2018)). Beispiel: „Smarte" Städte. Der Ruf der Großstadt zieht die Menschen magisch an. Seit
2017 leben mehr Menschen in Städten als außerhalb. Verkehr klüger zu steuern
heißt eine Herausforderung. Aber es geht um mehr. Um die Versorgung mit Energie und Gütern jeglicher Art. „Smart Cities" – das heißt nicht nur hoch vernetzte
Städte, d. h. auch, dass in Städten selbst Energie produziert, verteilt und verbraucht
wird – Gebäude also zu Mini-Kraftwerken für regenerative Energie werden – aber
auch, dass Städte zu Grünzonen werden, da auf Gebäudedächern Nahrung wächst.
Wer sagt denn, dass alles auf den Äckern vor der Stadt wachsen muss? Entstehung/
Produktion da, wo auch die Nachfrage ist, das reduziert u. a. den Transport und
damit auch den Energieverbrauch.

Eine zunehmende Rolle als Energielieferant wird Wasserstoff spielen.
Zum einen, weil viele Prozesse, z. B. die Stahlproduktion, höhere Temperaturen
benötigen, als dies Elektrizität liefern kann, zum anderen, weil kaum vorstellbar
ist, dass die benötigte Energie in ausreichendem Maße in Deutschland gewonnen
werden kann. Auch kann die Umwandlung von Strom in Wasserstoff die Effizienz

beim Transport von Strom deutlich steigern, denn „Wasserstoff-Pipelines können die bis zu zehnfache Energiemenge zu einem Achtel der Kosten" herkömmlicher Stromnetze übertragen (McKinsey 2021, S. 41).

Gemäß den Erhebungen des „Hydrogen Council" haben die Wasserstoff bezogenen Projekte deutlich an Fahrt aufgenommen. Weltweit wurden 359 größere Projekte angekündigt, mit einem Investitionsvolumen von ca. 500 Mrd. US\$. 70 % der Wasserstoffproduktion werden mittels grüner Energien erzeugt. Die verbleibenden 30 % sind nicht frei von Treibhausgasen, die aber mittels CCS („Carbone Capture and Storage") eingelagert werden können, und damit nicht in die Atmosphäre entweichen.

Noch erfolgt die Produktion überwiegend für den lokalen Bedarf, aber die ersten Länder, darunter Australien, Saudi-Arabien, die Vereinigten Arabischen Emirate und Chile, schicken sich an zu Wasserstoff-Exporteuren zu werden, wobei die zwischenzeitliche Umwandlung in Ammoniak als Träger dienen kann (Hydrogen Council 2021).

Auch beim Einsatz von Wasserstoff kommt – bleiben andere Fördermaßnahmen aus – die **Lenkungsfunktion des Emissionspreises** zum Tragen, denn am Ende muss Wasserstoff auch klimaneutral erzeugt werden. Die Studie von Agora Energiewende und Guidehouse (2021) kommt zu dem Schluss, dass die aktuellen Kostenstrukturen noch nicht hinreichend sind, damit grüner Wasserstoff mit Gas oder auch auf Basis fossiler Energieträger erzeugtem Wasserstoff konkurrieren kann. Gas gilt dabei als Referenzenergieträger beim Übergang zur klimaneutralen Energie.

Und warum nicht Sonnenergie aus Afrika für die Welt? Nach Berechnungen des Physikers Gerhard Knies, der auch die Initiative DESERTEC mit initiierte, sollte eine Fläche von 300 qkm in Afrika genügen, um die Welt mit Sonnenstrom zu versorgen (DER SPIEGEL 2018).

Auch die Agrarwirtschaft wird nicht ohne Innovationen auskommen, wenn es um die Reduktion von Treibhausgasen geht. Sie ist für ca. 20 % der weltweiten Treibhausgase zuständig. In der Agrarwirtschaft ist Methan, das wichtigste Treibhausgas, dessen Ausstoß es zu verhindern gilt, zumal es deutlich stärker zur Erderwärmung beiträgt als Kohlendioxid. Fast 40 % der Treibhausgasemissionen in der Landwirtschaft sind Methanemissionen. Da Methan von Kühen, die der die Milch- und Fleischproduktion dienen, ausgestoßen wird, sind hier die Ansatzpunkte zum einen Fleischalternativen mit einem geringeren Fußabdruck an Treibhausgasen herzustellen, und zum anderen den Methanausstoß der Kühe zu reduzieren. Erste Versuche mit Futtermittelzusätzen zeigen, dass dieser Ausstoß um 30 % und mehr reduziert werden konnte (Berger 2021b).

Dazu die Chance, dass die Landwirtschaft vom Treibhausgasemittenten zum Treibhausgasvernichter werden kann, um sich durch den Verkauf von Emissionsrechten neue Geschäftsmodelle zu erschließen. Gottwald (2019) z. B. beschreibt, wie ein Bauernhof mit 60 Rindern, lokalem Futtermittelanbau, Humusaufbau und Obstbäumen, kombiniert mit Pflanzenkohlerstellung und Kompostwerk im Saldo der Atmosphäre jährlich 380 t CO_2 entzieht, anstatt dieser 115 t zu zuführen, wie es für einen Betrieb dieser Größe üblich wäre. Damit würden die Emissionen von 65 Schweizer Bürgern kompensiert.

Derartige „Senken" werden gesucht, denn es wird voraussichtlich kaum gelingen alle Prozesse auf Klimaneutralität umzustellen, weshalb auch **„Carbon capture, use and storage"** (CCUS) – der Weiterverwendung oder Einlagerung von Kohlendioxidemissionen, da wo sie nicht vermeidbar sind - verstärkt zum Einsatz kommen dürfte.

Der **Weltklimarat** ist der Auffassung, dass die Reduktion von Klimagasen alleine nicht ausreichen dürfte, sondern diese zusätzlich der Atmosphäre entzogen werden müssen. Bisher sind das noch sehr teure und energieaufwendige Verfahren. Aber eine Reihe an Innovationen lassen hoffen, dass es auch deutlich preiswerter geht.

Dazu gehören z. B. der Zement, der CO_2 bindet, neue Langzeitspeicher für Elektrizität, die Energie in geschmolzenem Salz speichern, oder Plastik, das zur sogenannten Kohlenstoffsenke wird, also Treibhausgase bindet. Denn praktischerweise wird Kohlstoff zur Plastikproduktion benötigt. Warum es nicht direkt beim Entweichen anderer Produktionsprozesse weiterverwenden, bevor es stark verdünnt aus der Atmosphäre zurückgewonnen werden muss (Handelsblatt 2021)?

Ein Spezialvlies lässt hoffen, dass die Extraktion preiswerter erfolgen und der entzogene Kohlenstoff direkt industriell als Rohstoff weiter verwendet werden kann (Frankfurter Allgemeine Zeitung 2022).

➤   Die Netto-Null-Wirtschaft („Net-Zero-Economy") bedeutet, dass es im Saldo zu keinen Treibausgasen mehr kommen darf, was Emissionen in dem Umfang noch zulässt, wo sie von anderer Stelle neutralisiert werden.

McKinsey schätzt z. B., dass 60 % der Technologien, die für eine Net-Zero-Wirtschaft bis 2050 benötigt werden, heute bereits verfügbar sind. Von den darüber hinaus benötigten Innovationen befinden sich 24–30 % im Entwicklungsstadium, haben aber noch nicht die Einsatzreife erreicht. Die verbleibenden 10–15 % sind noch im Forschungs- und Entwicklungsstadium (Hellstern et al. 2021).

Und es kommen immer weitere, vielversprechende Entdeckungen hinzu, wie mir bei meiner täglichen Lektüre, sei es old-school per Tageszeitung, sei es mehr digital-native per Twitter, immer wieder auffällt. Selbst bei den Solarmodulen, die durch einen langen, anhaltenden Preisverfall bei gleichzeitiger Effizienzverbesserung gekennzeichnet sind, gibt es Neuentwicklungen. So befinden sich neue Solarzellen in der Entwicklung, sogenannte „Perowskite", die mehr Leistungsfähigkeit bei besserer Verarbeitung versprechen. Der nächste Schritt könnte ein Solarmodul sein, dass sowohl Strom als auch Wärme liefert und dabei die Stromausbeute gleich mit verbessert. Die Serienproduktion ist für Ende 2023 (Stand: Juni 2023) vorgesehen. Fortschritte gibt es auch bei, welche die teuren Lithium-Ionen-Akkus zumindest zum Teil ablösen könnten. Großer Vorteil dabei: Anders als Lithium, sind Natrium und Schwefel reichlich vorhanden und leicht zu gewinnen.

Fazit

Ohne Innovationen geht es nicht. Ein Großteil davon ist bereits verfügbar, weitere sind im Forschungs- und Entwicklungsstadium.

Investieren für eine bessere Welt 5

Wer den Klimawandel stoppen will, muss sich an große Zahlen gewöhnen. Sehr große Zahlen. Nicht nur wenn es um die Null-Emissionen geht, sondern die Nachhaltigkeitsziele der Vereinten Nationen noch mit einbezogen werden.

5.1 Investitionsbedarf: enorm

Die Vereinten Nationen gehen global von einem jährlichen Investitionsbedarf von 5 bis 7 Billionen US$ aus, um bis zum Jahr 2030 die 17 „Ziele für nachhaltige Entwicklung" („Sustainable Development Goals") zu erfüllen (UNCTAD 2014). Dabei handelt es sich sowohl um den Bedarf an öffentlichen als auch an privaten Investitionen.

Auch die Europäische Union (EU) hat große Pläne. 175 bis 270 Mrd. EUR p. a., das ist nach Schätzungen der Europäischen Investitionsbank (EIB) der Investitionsbedarf, um allein in der EU bis 2030 drei Klima- und Energieziele zu erreichen: Reduktion der CO_2-Emissionen um 40 % vom Stand 1990 aus gemessen; Energieeinsparungen um ein Drittel des heutigen Verbrauchs in einem „Business-as-usual-Szenario"; Bedarfsdeckung des Energieverbrauchs zu mindestens 32 % aus erneuerbaren Energien (EIB 2014). Mit ihrem Klimaplan vom September 2020 hat die EU-Kommission ihre Ziele noch weiter verschärft. Die CO_2-Emissionen sollen jetzt bis 2030 um 55 % gegenüber 1990 reduziert werden.

Gemäß ihres **„Green New Deal"** als Antwort auf die konjunkturellen Folgen der Corona-Pandemie sollen bis 2050 sollen in der EU keine Netto-Treibhausgasemissionen mehr freigesetzt werden. Das Wirtschaftswachstum soll vom Ressourcenverbrauch abgekoppelt werden. Eine Billion Euro wurden dafür bis 2030 in den EU-Haushalt eingestellt.

© Der/die Autor(en), exklusiv lizenziert an Springer Fachmedien Wiesbaden GmbH, ein Teil von Springer Nature 2023
H. Naumer, *Grünes Wachstum,* essentials,
https://doi.org/10.1007/978-3-658-42629-3_5

Dreh- und Angelpunkt bei der Transition wird die Umstellung der Energieversorgung auf erneuerbare Energie sein. Dabei gilt es nicht nur die Stromversorgung
um- sondern gleichzeitig auch auszubauen. Strom wird zum wichtigsten Energieträger. Die Internationale Energie Agentur (IEA 2021) geht dabei davon aus,
dass die Kapazitäten an Solar- und Windenergie von 2020 bis 2030 vervierfacht
werden müssen. Der Absatz an Elektrofahrzeugen muss sich verachtzehnfa-
chen, gleichzeitig muss die Energieintensität je Einheit Bruttoinlandsprodukt um
jährlich 4 % zurückgehen.

5.2   „Kosten" oder „Investitionen"?

In der Debatte um den Klimawandel fällt immer wieder auf, dass sehr viel
von „Kosten" die Rede ist. „Kosten" klingt nach Ausgaben, die wir uns lie-
ber ersparen würden. Aber es geht doch viel mehr um „Investitionen", die eine
(Umwelt-)Rendite erwarten lassen. Dazu kommt: Nichtstun bringt ökologische
wie ökonomische Kosten mit sich.

Nordhaus (1993) zitiert, neben einer eigenen Schätzung, sehr frühe Studien,
welche die volkswirtschaftlichen Kosten des Klimawandels in Wachstumseinbu-
ßen zu quantifizieren versuchen. Diese werden für die Vereinigten Staaten von
Amerika auf 50 bis knapp 70 Mrd. US$ im Jahr im Falle eines Temperaturan-
stiegs zwischen 2,5 und 3° veranschlagt, was etwas mehr als einem Prozent der
jährlichen Wirtschaftsleistung in realen Preisen entsprechen würde.

Der 2006 veröffentlichte Stern-Report (HM Treasury 2006) nimmt eine globale Perspektive ein, und stellt die heute notwendigen Kosten den zu erwartenden
Verlusten gegenüber. Er beziffert die jährlich aus dem Klimawandel resultieren-
den Kosten auf mindestens 5 % der globalen Wertschöpfung. Im Kampf gegen
den Klimawandel sieht er eine Wachstumsstrategie (!) – „Green Growth" also.

**Wie der Name verspricht, bedeutet „Green Growth" eine Wachstumsstrate-
gie.** Entsprechend hebt die OECD (2017) die positiven Wachstumseffekte hervor.
Sie unterscheidet dabei in unterschiedliche Szenarien, mittels derer die Staaten den
Übergang zur Klimaneutralität mittels Investitionen begleiten. Gegenüber ihrem
„Baseline-Szenario" des Nichtstuns prognostiziert die OECD in einem ambitionier-
ten Ansatz, bei dem mit einer 66 % Wahrscheinlichkeit die 2°-Grenze unterschritten
werden, einen Netto-Effekt für das Wachstum der G 20 Länder von 2,5 % des Bruttoinlandsproduktes bis 2050, wobei die Gewinne nach Ländern sehr unterschiedlich
ausfallen können. Werden hier noch die ersparten, negativen Wachstumseffekte
eines gebremsten Klimawandels einberechnet, würde sich der Wachstumsbeitrag

sogar auf ca. 4,6 % belaufen (OECD 2017, 22,137). Spannend ist der zusätzliche Investitionsbedarf für dieses Szenario. Die OECD vergleicht ihn mit einem Referenzszenario, bei dem es darauf ankommt, die G20 Länder auf einen höheren Wachstumspfad zu bringen und das Produktivitätswachstum zu steigern. Den jährlichen Mehrbedarf an Investitionen, um den Temperaturanstieg mit einer Wahrscheinlichkeit von 66 % unter 2° zu halten, bezeichnet sie mit 0,6 Billionen US$ während der Jahre 2016 bis 2030. Daraus wird deutlich: Nur ein Teil der benötigten Investitionen müssen im Kampf gegen den Klimawandel zusätzlich getätigt werden. Bei anderen handelt es sich um ohnehin notwendige Ersatz- oder Erweiterungsinvestitionen, die auf Klimaneutralität hin ausgerichtet werden müssen.

Investitionen sind nicht gleichbedeutend mit Kosten Das zeigt sich auch in einer Studie des Beratungshauses McKinsey für Europa (D'Aprile et al. 2020). Die Studie geht auf der privatwirtschaftlichen wie auf der öffentlichen Seite von benötigten Investitionsausgaben i. H. von 28 Billionen Euro über die nächsten 30 Jahre aus. Investitionen, die in Energieerzeugung (Anteil: 9 %), Transport (43 %), Gebäude (30 %), Industrie (1 %), Landwirtschaft (14 %) und Infrastruktur (14 %) fließen müssen.

Bei dem größten Teil des geschätzten Investitionsbedarfs handelt es sich gem. der Analysen von McKinsey, um die Umlenkung ohnehin anstehender Investitionen, die ansonsten in CO_2-intensive Technologien fließen würden. Nach Schätzungen von McKinsey werden lediglich zusätzliche Ausrüstungsinvestitionen i. H. v. 5,4 Billionen Euro notwendig. Diesen Mehrinvestitionen müssen jedoch Kostenersparnisse gegenübergestellt werden. McKinsey kommt zu dem Ergebnis, dass die Mehrinvestitionen von 5,4 Billionen Euro im Durchschnitt kostenneutral wären, da sie durch Kosteneinsparungen refinanziert werden könnten (D'Aprile et al. 2020, S. 172).

Das heißt allerdings nicht, dass jede einzelne Investition für sich betrachtet auch in dem Maße rentierlich wäre, dass sie sich von selbst trägt. McKinsey schätzt, dass etwas mehr als 50 % dieser Investitionen rentierlich wären. Die verbleibenden Investitionen jedoch staatlicher Anreize wie z. B. steuerliche Abzugsfähigkeit oder Subventionen bedürften. Das Ergebnis hängt allerdings sehr stark vom Preis für Treibhausgasemissionen ab. Je teurer die Emissionsrechte sind, desto rentierlicher heißt die Logik, denn je weniger Klimagase ausgestoßen werden, desto weniger Emissionsrechte müssen gekauft werden, was sich sofort in der Kostenkalkulation bemerkbar macht. Der Preis für Emissionsrechte hat auch hier seine Lenkungsfunktion. Je knapper die Umwelt, desto höher der Preis. McKinsey schätzt, dass bei einem Emissionspreis von bis zu 100 EUR/Tonne 89 % der anstehenden Investitionen rentierlich wären. Für die restlichen 11 % müsste er über 100 EUR je Tonne steigen.

Im Sommer 2023 lag der Handelspreis für CO_2-Emissionsrechte beim European Trading Scheme bei etwas über 90 Euro die Tonne.

Dass Investitionen für Green Growth nicht zwangsläufig zusätzliche Ausgaben, und schon gar nicht nur Kosten sind, zeigen auch die Analysen der International Renewable Energy Agency (IRENA 2021, 29; 96). Sie hat sehr unterschiedliche Szenarien für die Umstellung der Energieversorgung durchgespielt. In ihrem mit dem 1,5 °-Ziel kompatiblen Szenario (dem von ihr so benannten „Transforming Energy Scenario") kommt sie zu dem Ergebnis, dass bis 2050 110 Billionen US$ benötigt werden. Der Löwenanteil entfällt dabei mit 37 % auf die Energieeffizienz, mit 22 % auf die erneuerbaren Energien und mit 13 % auf die Elektrifizierung. Das wären aber insgesamt nur 15 Billionen US$ mehr, als ohnehin bereits von der Energiewirtschaft an Investitionen geplant sind. Dabei wird ein fortgesetzter Preisverfall bei der Energieerzeugung unterstellt. Allein für Photovoltaikanlagen wird von 2018 bis 2030 ein Rückgang um 58 % erwartet. Bei Windkraftanlagen auf See von 55 % während des gleichen Zeitraums.

Fazit

Den Kampf gegen den Klimawandel nur vonseiten der Kosten zu betrachten, greift zu kurz. Es handelt sich um Investitionen.

Dazu kommt ein zu erwartend positiver Saldo für den Arbeitsmarkt.

5.3   Klimaneutralität: positiv für den Arbeitsmarkt

Klimaneutralität ist positiv für den Arbeitsmarkt. Es wird zwar zu starken Veränderungen bei der Zusammensetzung der Arbeitsplätze kommen, wobei die Arbeitsplatzverluste im Saldo durch Zugewinne an anderer Stelle überkompensiert werden sollten.

Die IRENA-Prognose (IRENA 2021, S. 100) erwartet starke Zugewinne bei der Beschäftigung im Energiesektor. Von den weltweit 58 Mio. Jobs in diesem Segment arbeiten heute bereits ca. 20 % im Feld der erneuerbaren Energien (IRENA 2021, S. 19), und der gesamte Bedarf dürfte weiter wachsen. Bis 2050 wird ein 1,5 °-Szenario unterstellt, 100 Mio. Arbeitsplätze erwartet – 15 % mehr als bei einem Szenario, wie es aktuell noch von den Ländern geplant wird.

IRENA (2021, S. 40) geht von einem Job-Plus im Energiesektor bis 2050 von weltweit bis zu 72 % aus auf dann 100 Mio. Beschäftigte, wobei dieser Zuwachs davon abhängig ist, wie sehr der Energiesektor auch tatsächlich transformiert wird.

Für Europa erwartet McKinsey, dass die Umstellung auf eine Net-Zero-Wirtschaft 11 Mio. neue Jobs schaffen und 6 Mio. bestehende obsolet werden lässt. Ein Zuwachs von 5 Mio. neuen Arbeitsplätzen durch die Dekarbonisierung (D'Aprile et al. 2020).

Für Deutschland bieten sich ebenfalls Chancen für Wachstum und Arbeitsplätze. Bezogen auf die 1,266 befragten Unternehmen des iw-Zukunftspanels erwarten ca. 70 % der deutschen Unternehmen neue Absatzchancen durch den Klimawandel. Die iw-Studie sieht für etablierte Branchen wie den Maschinenbau vor allem Chancen bei der Ausrüstung mit klimafreundlichen Anlagen. Das „globale Umsatzpotential bis 2050 wird auf 10 Billionen Euro geschätzt" (Demary et al. 2021).

Der Consultant Berger (2021a) beziffert das globale Volumen der Leitmärkte für Umwelttechnik und Ressourceneffizienz auf) etwas mehr als 4,6 Billionen Euro, und erwartet einen jährlichen Zuwachs von 7,3 % auf knapp 9,4 Billionen Euro im Jahr 2030. Wie stark die deutsche Wirtschaft schon heute mit Umweltschutzgütern im Ausland punkten kann, wird aus den Daten von Gehrke und Schasse (2013) deutlich. 2016 belief sich die Exportquote von Umweltschutzgütern und Umweltschutzleistungen auf 37,7 %. Auch die Anteile am Weltmarkt sind beachtlich. Während die Exportnation Deutschland einen Weltmarktanteil von 3 % über alle Warengruppen hinweg hat, beläuft sich sein Anteil bei Produkten der Umwelttechnologie auf knapp 14 %, was nur von der Volksrepublik China mit knapp 15 % übertroffen wird (vgl. auch Ringel (2021)).

Fazit

In der Gesamtsicht hat der Übergang zum Grünen Wachstum die Chance einer Win-Win-Win-Situation, nicht zuletzt auch für Deutschland: Ein Gewinn für die Umwelt, ein Gewinn für Mensch und Wirtschaft, ein Gewinn für die Kapitalanlage. Ja, für die Kapitalanlage, denn die Finanzierung wird nicht von den Staaten allein gestemmt werden, sondern bietet Investitionsmöglichkeiten für die Firmen, an deren Finanzierung – wie auch bei der Finanzierung der Staaten – sich wiederum private Investoren beteiligen können.

Einen Haken gibt es allerdings auch: Für die Transmission zur klimaneutralen Wirtschaft wird jede Hand gebraucht, denn der Arbeitskräftebedarf steigt – während gleichzeitig die Fachkräfte, demographisch bedingt, in Deutschland und den Industriestaaten über die nächsten Jahrzehnte abnehmen!

Finance For Future

6

Der Investitionsbedarf bedeutet nicht, dass diese Ausgaben vonseiten der Staaten allein geschultert werden müssen. Im Gegenteil, es handelt sich zum großen Teil um Investitionen von Firmen, die eine entsprechende Rendite dafür erwarten. Daran können sich wiederum Investoren z. B. über Aktien und Anleihen beteiligen, oder es geht um die Refinanzierung in Form von Krediten. Auch öffentliche Investitionen, z. B. für die Infrastruktur, lassen sich über die Kapitalmärkte refinanzieren.

Geld scheint zur Verfügung zu stehen, das sich aktivieren lässt. Kapitalnotstand trifft auf Anlagenotstand (Naumer 2021). Was liegt näher als mit dem Rendite suchenden Kapital in Nachhaltigkeit zu investieren, zumal sich (nicht nur) die Kapitalanlagegesellschaften stark in Richtung nachhaltiger Investitionen entwickelt haben? Ein Trend, der sich nicht mehr umkehren wird, und das nicht nur wegen der regulatorischen Vorgaben, sondern auch, weil die Erkenntnis um sich gegriffen hat, dass Nachhaltigkeit und Rendite kein Widerspruch sein müssen.

6.1 Kapitalmärkte und Klimaneutralität

Der Weg, die Transformation mit Investitionen zu begleiten, wird dabei mit zunehmender Intensität beschritten, und das schon über einige Jahrzehnte. Im Jahr 2000 wurde das **„Global Compact"** Netzwerk der Vereinten Nationen aus der Taufe gehoben. Dabei handelt es sich um einen Zusammenschluss aus Wirtschaft, Gesellschaft und Politik mit dem Ziel der „verantwortungsvollen Unternehmensführung". Diese haben sich verpflichtet, „auf Basis 10 universeller Prinzipien

© Der/die Autor(en), exklusiv lizenziert an Springer Fachmedien Wiesbaden GmbH, ein Teil von Springer Nature 2023
H. Naumer, *Grünes Wachstum,* essentials,
https://doi.org/10.1007/978-3-658-42629-3_6

Nachhaltigkeit strategisch zu verankern und zur Umsetzung der Sustainable
Development Goals beizutragen" (Global Compact Network Germany 2021).

Im gleichen Jahr wurde das „**Carbon Disclosure Project**" gegründet, mit
dem Ziel den CO_2-Ausstoß transparent und messbar zu machen – eine wichtige
Voraussetzung, um ihn überhaupt bekämpfen zu können. Dieser Non-Profit-
Organisation haben sich (Stand 2020) mittlerweile über 10.000 Organisationen
angeschlossen, darunter 9600 Unternehmen, die mehr als 50 % der weltweiten
Marktkapitalisierung an den Aktienmärkten repräsentieren. Die hier vertretenen
590 Kapitalverwaltungsgesellschaften repräsentieren 110 Billionen US$ (CDP
Europe 2020).

Sehr früh in dieser Entwicklung entstand die 2006 die sogenannte PRI-
Initiative („**Principles for Responsible Investment**"). Diese Initiative, die
sich den „Principles for Responsible Investment" – den Prinzipien verantwortungsvollen Investierens -verschrieben hat, setzt sich aus Assetmanagement-/
Vermögensverwaltungsgesellschaften sowie Banken und „Asset Ownern" in Form
von Pensionskassen und Versicherungen zusammen, die sich verpflichtet haben
ihren Investitionsentscheidungen die ESG-Kriterien zugrunde zu legen. Die
knapp 4000 Unterzeichner (Stand: September 2021) der PRI-Initiative verwalten
zusammen ca. 120 Billionen US$ (Abb. 6.1).

„E S G" entschlüsselt

Einen wahren Siegeszug in der Kapitalanlage hat das Kürzel „ESG" genommen. Das
Akronym ESG steht für „Environmental" (Umwelt), „Social" (Gesellschaft), „Governance"

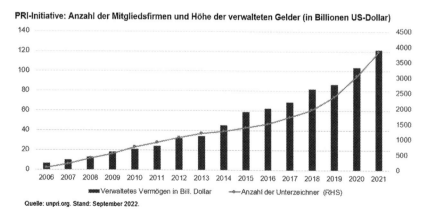

Abb. 6.1   Keine Dekarbonisierung ohne „Finance for Future"

(Unternehmensführung). Es kann als Bindeglied zwischen den auf Nachhaltigkeit bezogenen Unternehmenskriterien und der Anlageentscheidung verstanden werden.

Begriff und Konzept für die ESG Kriterien wurden 2004 erstmalig von der „Global Compact Initiative" der Vereinten Nationen eingeführt. Ziel war, Analysten wie Anlegern ein Set an Normen an die Hand zu geben, die auf den „Six Principles for Responsible Investment" der Vereinten Nationen basieren.

Eine umfassende und abschließende Übersicht oder Definition der ESG- Kriterien gibt es nicht.

Das Sustainability Accounting Standards Board (SASB), eine unabhängige Non-Profit Organisation, hat es sich jedoch zur Aufgabe gemacht, Bilanzierungsstandards für eine einheitliche Bewertung entlang der ESG- Kriterien zu entwickeln (vgl. Abb. 6.2). Aus diesen Standards wurde auch die folgende Übersicht für ESG- Kriterien übernommen. "Die Vermessung der Nachhaltigkeit" ist allerdings nicht immer so einfach, wie es scheint, weshalb umfangreiche Analysen benötigt werden (vgl. Eubel und Naumer 2022 und 2023).

2012 schlossen sich institutionelle Investoren zur **Institutional Investors Group for Climate Change** (IIGCC) zusammen, mit dem Ziel, als Investoren bis

ESG: Environmental – Social – Governance
Untergliederung gem. Sustainability Standards Accounting Board (SASB)

Umwelt	Soziales	Unternehmensführung
Treibhausgas	Menschenrechte	Systematisches Risikomanagement
Luftqualität	Beziehung zum Gemeinwesen	Unfall- und Sicherheitsmanagement
Energiemanagement	Verbraucherschutz	Unternehmensethik
Brennstoffmanagement	Datensicherheit & Privatsphäre	Anreizstruktur
Trinkwasser- und Abwassermanagement	Faire Offenlegung & Kennzeichnung	Berichte & Revision
Biodiversität	Arbeitsbeziehungen	Wettbewerbsverhalten
Lebenszyklus und Wirkung	Faire Arbeitsbedingungen	Korruption
Auswirkungen von Produktverpackungen auf die Umwelt	Arbeitsstandards entlang der Lieferkette	Nachhaltige Rohstoffbeschaffung
	Gesundheit & Sicherheit der Mitarbeiter	Lieferkettenmanagement
	Vielfalt & Integration	
	Entgelt & Leistungen	
	Entwicklung & Mitarbeiterbindung	

Abb. 6.2 Die Vermessung der Nachhaltigkeit: Environmental – Social – Governance (ESG)

zum Jahr 2030 einen „signifikanten Beitrag" in Richtung Null-Emissionen für die Realökonomie zu liefern. In dieser Initiative sind mehr als 400 Mitglieder mit einem verwalteten Vermögen von 65 Billionen Euro zusammengeschlossen (Stand: Juni 2023).

2014 wurden die Prinzipien für sogenannte **„Green Bonds"** verabschiedet, das sind Anleihen, die für die Finanzierung CO_2-neutralisierender Investitionen aufgelegt werden (s. a. auch das entsprechende Kapital dazu).

Im Dezember 2020 vernetzten sich dann Asset Manager zur **„Net Zero Asset Managers Initiative"**, eine internationale Gruppe, die mit ihrer Anlagepolitik das Ziel fördern will, dass bis 2050 die Treibhausgase auf null reduziert werden. Mittlerweile (Juni 2023) gehören 220 Unterzeichner mit 57 Billionen US$ an verwaltetem Vermögen dazu.

Die Entwicklung hin zu an Nachhaltigkeit orientierten Investitionen war dabei eine zunächst sehr stark von institutionellen Anlegern geprägte Entwicklung. Nach Angaben der **„Global Sustainable Investment Alliance"** (GSIA) entfielen noch 2012 knapp 90 % der nachhaltigen Kapitalanlagen weltweit auf institutionelle und der kleinere Rest auf private Anleger. 2020 waren deren Anteil aber bereits auf 25 % gestiegen, und es ist zu erwarten, dass er weiter steigt.

Was für institutionelle Investoren schon lange eine Maxime war, wird es jetzt auch bei privaten Investoren. Ein sichtbares Zeichen dafür ist, dass auf Publikumsfonds bezogene Ratings vermehrt ein ESG-Rating bekommen haben. Seit Anfang 2016 legen z. B. die auf Fondsratings spezialisierte Firma Morningstar und Benchmark-provider MSCI ESG-Kriterien allen Fonds bzw. Benchmarks als Kriterium ihrer Beurteilung zugrunde – ungeachtet dessen, ob diese dezidiert nach ESG gemanagt werden oder nicht. Auch private Anleger können damit einsehen, welches die in ihrem Fonds befindlichen Wertpapiere/Unternehmen in der Gesamtsicht an ESG-Güte erreichen.

Im Jahr 2018 rief die EU-Kommission die sogenannte „Technical expert group on sustainable finance" **(TEG)** ins Leben, die mit der Ausarbeitung einer sogenannten „Taxonomie" beauftragt wurde. Dabei geht es um die Einordnung, ob eine bestimmte ökonomische Aktivität nachhaltig mit Blick auf die Umwelt ist (European Commission 2018). Sie ist im Kontext des „EU Action Plan on Sustainable Finance" aus dem gleichen Jahr zu sehen. Ihre Zielsetzung ist (zitiert nach Berger (2021b)) es, die Kapitalströme in Richtung einer nachhaltigeren Wirtschaft zu reorientieren. Nachhaltigkeit als natürlichen Bestandteil des Risikomanagements zu implementieren, sowie Transparenz und langfristiges Denken bei der Anlageentscheidung zu fördern. Zusätzlich werden Nachhaltigkeitspräferenzen in Anlagegesprächen gezielt abgefragt.

Ein weiterer wichtiger Stichtag in diese Richtung war der 10. März 2021, an dem die **„Sustainable Finance Disclosure Regulation – SFDR"** der EU in Kraft trat. Die Offenlegungsverordnung für Nachhaltigkeit. An diesem Tag mussten die Fondshäuser bekanntgeben, wie sie es denn mit den Nachhaltigkeitskriterien bei Fonds halten, damit sie nach bestimmten Nachhaltigkeitskonzepten klassifiziert werden können. Investoren können jetzt erkennen, wie ihre Fonds klassifiziert sind. Ein weiterer wichtiger Schritt in Richtung Transparenz bei der Kapitalanlage. Dabei stehen die Artikel 8 und 9 im Vordergrund. Bei einem Fonds nach Artikel 8 reicht die Berücksichtigung von ESG-Kriterien unter reinen Risikoaspekten nicht aus. Sie müssen die Nachhaltigkeitskriterien unterstützen. Bei Artikel 9 geht es darum, dass der Fonds in Wertpapiere investiert, mittels derer er auch positive Veränderungen im Sinne von Umwelt und Gesellschaft erreicht, bei einer gleichzeitigen guten „Governance" der Firmen, in welche er investiert.

Gleich zu Beginn des Jahres 2022 trat die EU-Taxonomie für die Klimaziele in Kraft und ein Jahr später jene für die übrigen Umweltziele. Sie baut auf der Technical Export Group auf und geht in einigen Punkten über diese hinaus. Mittels dieses Beurteilungskatalogs wird auf Grundlage von sechs Umweltzielen beurteilt, ob eine Wirtschaftstätigkeit als ökologisch nachhaltig eingestuft werden kann.

Dabei ist zu berücksichtigen, dass die Finanzierung, wie hier vor allem dargestellt, nicht nur über die Kapitalmarktseite durch handelbare Wertpapiere (Anleihen und Aktien) erfolgt, sondern auch im Rahmen der Kreditfinanzierung, was zu den klassischen Geschäftsfeldern der Banken und zunehmend auch der Asset Manager gehört. U. a. geht es darum, Klimarisiken in den Prozess der Kreditvergabe zu integrieren.[1]

Während institutionelle Investoren bereits in großem Stil in sogenannte „private markets"[2] investieren können, um sich z. B. an Solar- oder Windparks, oder auch Infrastrukturinvestitionen zu beteiligen, muss es in einem nächsten Schritt darum gehen, dass dieses Marktsegment auch für private Investoren zugänglich wird (Pross 2021). Was bisher in Spezialfondsmandaten institutionellen Anlegern als Anlagemöglichkeit zur Verfügung steht, wäre dann auch für private Anleger zugänglich.

Diese projektorientierte Anlageformen erscheinen deshalb attraktiv, weil sie kaum den Schwankungen des Kapitalmarktes ausgesetzt sind, allerdings um

---

[1] Eine sehr ausführliche Darstellung über die Handhabung von Klimarisiken in Bankbilanzen findet sich bei Weeber (2020).

[2] Unter „private markets" werden Anlageformen subsummiert, die nicht an einer Börse handelbar sind. Dabei können sich Investoren z. B. direkt per Eigen- oder Fremdkapital an Firmen beteiligen, sowie an Infrastrukturinvestitionen und Immobilien.

den Preis, dass die Gelder langfristig investiert bleiben, und damit eine geringe Liquidität aufweisen.

Auch Zentralbanken und Aufsichtsbehörden haben sich zu einem weltweiten „**Network for Greening the Financial System**" zusammengeschlossen, um Umwelt- und speziell Klimarisiken im Finanzsystem besser kontrollieren zu können. Umwelt- und Klimarisken sind nicht nur aufseiten der Kreditvergabe der Banken von Bedeutung, sondern auch im Rahmen von Aufkaufprogrammen an Wertpapieren, mittels derer sie ihre Geldpolitik aussteuern. Dem Netzwerk gehören 105 Mitgliedinstitutionen und 16 Beobachter an (Dezember 2021).

Dass Investoren über ihre Anlageentscheidungen, bzw. die Politik wie die EU-Kommission über die Taxonomie, auf Nachhaltigkeit hinwirken, wird auch kritisch gesehen. Berger (2021b) wirft einen pragmatischen Blick auf den Einsatz der ESG-Kriterien im Fondsmanagement. Er beschreibt das Problem von Zielkonflikten und Inkonsistenzen bei der Zurechnung von Treibhausgasen, sieht aber bei einem in die fundamentale Analyse integrierten ESG-Research Chancen, ESG-Risiken auszuschließen und in den konstruktiven Dialog mit dem Management zu treten, um auf Änderungen hinzuwirken.

Wenn der Ordnungsrahmen durch die Mengenbegrenzung gesetzt ist, innerhalb welcher der Lenkungsmechanismus des Preises über den Handel von Emissionsrechten zum Tragen kommt, und (Krahnen et al. 2021b) ein Klimaclub für unverzerrten Wettbewerb sorgt, dann bedarf es keiner zusätzlichen Eingriffe von der Finanzierungsseite, so die Argumentationslinie die u. a. auch Krahnen vertritt. Die Taxonomie selbst sei zu bürokratisch und teile die Welt nur in „grün" und „braun" ein, und steigere die Wirksamkeit der Finanzierung nicht (Krahnen et al. 2021a). Es käme lediglich zu Verschiebungen bei der Portfoliostruktur und in der Konsequenz zu einer Verringerung der Diversifikation, zwischen jenen Anlegern, die mehr, und jenen, die weniger „grüne" Wertpapiere halten wollen.

Hüther (Frankfurter Allgemeine Zeitung 2022) geht in eine ähnliche Richtung und kritisiert, die Europäische Union spanne das „Finanzsystem immer mehr zur Lenkung klimaschützender Investitionen ein." Die Dekarbonisierung müsse jedoch realwirtschaftlich orientiert bleiben, weil dort „die Innovations-, Anpassungs- und Vermeidungsanstrengungen zu erbringen" seien.

Mit Blick auf die Taxonomie meint Grimm (Frankfurter Allgemeine Zeitung 2022) es gehe „in diesem Jahrzehnt" nicht darum, ob eine Aktivität (z. B. ein Gaskraftwerk) nachhaltig, sondern ob diese geeignet sei „den Übergang in die klimaneutrale Wirtschaft zu ermöglichen". Grimm plädiert für eine weite Definition nachhaltiger Technologien als dem „kleineren Übel".

Also doch kein „Finance For Future"? ESG-Kriterien, eingesetzt als ergänzendes Analysetool, sind anders zu werten, als der Versuch, Finanzierung regulatorisch zu steuern, nachdem bereits die Realwirtschaft in einen Ordnungsrahmen eingefügt wurde. Bei aller Kritik kann eine Vereinheitlichung bei der Bewertung und Einordnung von ESG-Kriterien dafür sorgen, dass Transparenz und Vergleichbarkeit von Anlagemöglichkeiten steigen, die Investmententscheidung der eigenen Nachhaltigkeitspräferenz besser angepasst werden und auf Firmenebene durch ein engagiertes Fondsmanagement Veränderungen herbeigeführt werden, in dem die Fondsgesellschaft die Interessen der Kapitaleigener im Rahmen des sogenannten „proxy voting"[3] wahrnimmt. Hier erhält der Begriff **„Stewardship"** seine Bedeutung: Die Vermögensverwalter wirken, auf Grundlage ihrer eigenen ESG Analysen, auf Veränderungen der Unternehmenspolitik hin. Das kann die gesamte Klaviatur der ESG-Kriterien umfassen, von der Verringerung des Klima-Fußabdruckes („Environment") ebenso wie die Bezahlung der Vorstände („Governance") und den Einsatz von Kinderarbeit („Social"). Je mehr aber die Asset Manager gemeinsam auf Nachhaltigkeitskriterien hinwirken, desto schwieriger wird es, für Firmen, die dagegen verstoßen, bzw. keine Pläne zu Änderungen vorlegen, Kapital zu erhalten.

Das gilt auch aufseiten der Anleihenfinanzierung. Staaten wie Unternehmen können zwar ihre Investitionsvorhaben in „grün" und „braun" aufspalten, was zunächst nichts an ihrem Produktionsprozess oder den Gütern, die sie zur Verfügung stellen, ändert, aber gerade durch den getrennten Ausweis erhöht sich die Transparenz. Die Anleger können unterscheiden was sie finanzieren. Aber damit wären wir beim Anlagevehikel „Green Bonds".

6.2 Anlagevehikel „Green Bonds"

Ein noch junges, aber durchaus schon erfolgreiches Beispiel wie sich direkt in Klimaprojekte investieren lässt, sind die sogenannten „Green Bonds". „Grüne Anleihen", die der Finanzierung von nachhaltigen Projekten dienen. Damit diese Anleihen auch als „grün" firmieren dürfen, müssen sich die Emittenten an die sogenannten „Green Bond Principles" halten. Die Prinzipien wurden 2014 verabschiedet und unter der Federführung der International Capital Market Association (ICMA) entwickelt. Nach Emittenten haben Eurobonds mit 37 % den Löwenanteil. Gefolgt von den USA mit 19 % und China mit 14 %. Auch Frankreich ist mit einem Anteil von 9 % vorne mit dabei. Aus Deutschland stammen 4 %

---

[3] Beim „proxy voting" vertritt die Vermögensverwaltungsgesellschaft die Eigentümer, für die sie die Aktien verwaltet, und stimmt für diese ab.

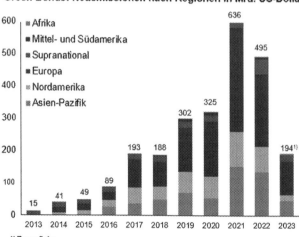

Abb. 6.3   Green Bonds – direkt „grün" investieren

der umlaufenden Green Bonds (Stand August 2021). Wie die Zahlen der Climate Bond Initiative vom Herbst 2021 zeigen, beschränkt sich der Kreis der Emittenten dabei nicht auf Staaten oder staatlich gedeckte Institutionen, sondern schließt auch Finanzinstitute und private Unternehmen ein. Das Wachstum dieses Segments ist, gemessen an den Neuemissionen dynamisch (Abb. 6.3).

Dieses Marktsegment dürfte nicht zuletzt durch den Green Deal der EU-Kommission weiter gestärkt werden. Ein erheblicher Anteil des 700 Mrd. schweren Pakets soll durch diese Anleiheart finanziert werden. Eine der jüngeren Emissionen der Bundesrepublik Deutschland zeigt, wie aufnahmefähig der Kapitalmarkt dafür ist. Die Bundesfinanzagentur hat im September 2020 ihre erste grüne Bundesanleihe emittiert und folgte damit anderen Staaten wie Schweden, Frankreich, Belgien, Irland, den Niederlanden und Polen. Das Interesse an dem Papier mit zehnjähriger Laufzeit und einem Gesamtvolumen von 6,5 Mrd. EUR war enorm: Mit Geboten von über 33 Mrd. EUR war es mehrfach überzeichnet.

Die Neutralisierung von Treibhausgasen als erklärtem Ziel für die Investitionen dürfte auch die Erklärung dafür sein, dass Green Bonds über längere Zeit einen Renditeabschlag gegenüber herkömmlichen Anleihen aufwiesen, wie u. a. auch Slimane et al. (2020) zeigt, und wie auch meine Berechnungen an

Abb. 6.4   Rendite Benchmark für „Green Bonds" im Vergleich mit der Benchmark für herkömmliche Anleihen und Renditedifferenz („Spread")

Hand des „Green Bond Index" der Bank of America im Vergleich mit der herkömmlichen Benchmark des gleichen Anbieters zeigen (Abb. 6.4). Gegenüber den herkömmlichen Anleihen ergab sich ein sogenannter „Spread", in diesem Fall ein Renditeabschlag der zwischen 20 und bis zu 50 Basispunkten (0,2–0,5 %) lag. Der Abschlag, auch **„Greenium"** genannt, ist erst in jüngerer Zeit verschwunden, was durch das größere Angebot an Green Bonds erklärt werden dürfte. Auch hier gilt das Gesetz von Angebot und Nachfrage. Mehr Angebot bei unveränderter Nachfrage führt zu niedrigeren Preisen und damit höheren Renditen.

Fazit

„Finance for Future", das Finanzieren einer nachhaltigen, Treibhausgas freien Zukunft gewinnt immer breiteren Raum. Auch für Endkunden wird es immer leichter für eine bessere Welt zu investieren.

6.3   Gut für die Umwelt – gut für die Rendite?

Das „Investieren für die bessere Welt" hat eine lange Geschichte und spiegelt sich in zunehmend mehr Portfolien wider. Was aber sagt die Kapitalmarktforschung? Ist gut für die Umwelt auch gut für die Rendite, oder steht beides im Widerspruch zueinander?

Die Fülle der auf ESG bzw. damit verbunden CSR („Corporate Social Responsibility") bezogenen Studien lässt sich grob in zwei Ansätze untergliedern: einerseits die Untersuchung der Auswirkungen von CSR-Praktiken auf die Unternehmen und andererseits das Durchleuchten möglicher Performanceauswirkungen für die Investoren.

Bei den auf den Unternehmenserfolg abzielenden Studien geht es um die Frage des finanziellen Erfolges: Führt CSR zu einem besseren Firmenergebnis („Corporate Financial Performance" – CFP)? Bei den Portfolio-basierten Analysen geht es um die Performance ESG-basierter Investitionen, also um das unmittelbare Ergebnis für den Investor.

Die vermutlich umfangreichste Studie zum Zusammenspiel von ESG und dem finanzwirtschaftlichen Ergebnis der Unternehmen stammt von Friede et al. (2015). Diese Metaanalyse greift auf insgesamt 2200 Studien zurück, die seit den 1970er Jahren bis heute erstellt wurden. Sie begibt sich auf die Ebene der Primär- und Sekundärdaten dieser Studien und stellt in der überwiegenden Zahl der Fälle (ca. 90 % der Studien) einen nicht-negativen Zusammenhang fest. Bei ca. 60 % der Studien würde dabei sogar ein klar positiver Zusammenhang zwischen CSR und CSP erhoben, d. h. die Firmenergebnisse werden positiv beeinflusst. In weniger als 10 % aller Studien würde ein negativer Zusammenhang festgestellt.

Auf der Ebene der Investoren kommt die Gesamtsicht der Studie von Friede et al. zu einem etwas weniger beeindruckenden, aber dennoch positiven Ergebnis. Vor der Fragestellung, ob sich ESG-Faktoren auch in einer für die Investoren besseren Performance bei der Kapitalanlage niederschlagen, zeigen sie: Der Anteil der Studien, die zu einem negativen Zusammenhang von CSR und Investment-Performance kommen, liegt bei ca. 10 %. Allerdings ist der Anteil der Studien mit einem neutralen oder gemischten Ergebnis höher als im Falle der auf die Unternehmen bezogenen Studien. Der Anteil von Studien, die zu einem eindeutig positiven Zusammenhang kommen, ist geringer und liegt bei ca. 16 % der Portfolio-basierten Studien. Dabei ist jedoch zu berücksichtigen, dass die Portfolien nach sehr unterschiedlichen Investmentansätzen allokiert werden, was sich auf die Ergebnisse auswirkt.

Insgesamt kommen Friede et al. bei ihrer umfassenden Auswertung der ESG bezogenen Studien zu dem Ergebnis, langfristig verantwortungsvolles Investieren sei für alle „rationalen Investoren" zur Erfüllung ihrer fiduziarischen Pflichten von Bedeutung.

Eine sich dem Zeitfenster von Friede et al. (2015) anschließende Studie des NYU Stern Center of Sustainable Business und Rockefeller Asset Management untersucht über 1000 akademische Studien, die im Zeitraum 2015–2020 entstanden sind, und kommt zu einem ähnlich positiven Ergebnis. Sie kommt zu dem

Schluss, dass 58 % der auf die Unternehmensebene bezogenen Studien einen positiven Zusammenhang von ESG-Kriterien und den Unternehmenskennzahlen ausweisen. Studien, welche den risiko-adjustierten Anlageerfolg auf Portfolioebene untersuchen zeigen in 59 % eine gleiche oder bessere Performance, wenn ESG-Kriterien ins Spiel kommen (Rockefeller Capital Management 2021). In einer jüngeren Studie haben Naumer und Yurtoglu gezeigt, dass Portfolien mit Unternehmen höherer ESG-Ratings bei schlechter Medienberichterstattung besser performen als Portfolien mit Unternehmen niedriger ESG-Ratings (Naumer und Yurtoglu 2020).

In der Summe zeigt sich, dass Rendite und das „Investieren für eine bessere Welt" kein Widerspruch sein muss. Dazu passt, dass sich auch bei den Analysten von Unternehmen ein Wandel bzgl. der Einschätzung von CSR vollzogen hat. CSR – und in der Folge die Beachtung von ESG – wurde früher als eher kostenverursachend eingestuft. Heute werden die Vorteile für Unternehmensführung und Investmentertrag gesehen (Ioannou und Serafeim 2015).

Fazit

Finance For Future – das Investieren für eine bessere Welt – erinnert an eine Win-Win-Win-Situation: Ein Gewinn für die Umwelt, ein Gewinn für die Kapitalanlage, ein Gewinn für die Wirtschaft, wenn sie sich auf die Chancen einstellt.

Zusammenfassung & Ausblick 7

„Und wüsste ich, dass morgen die Welt untergeht, so würde ich noch heute ein Apfelbäumchen pflanzen…" besser lässt sich Zukunftsoptimismus nicht auf den Punkt bringen als durch dieses Zitat von Martin Luther. Es ist aber kein blinder Optimismus, der die heile Welt herbeisehnt, es ist ein „rationaler Optimismus" (Matt Ridley). Was weniger bekannt ist: Das Luther-Zitat setzt sich fort mit „… und meine Schulden bezahlen." Nicht im stillen Kämmerlein auf die Apokalypse warten, sondern für ein Morgen investieren. Und: Altlasten aufräumen. Wir können den nächsten Generationen keine Hypothek wie eine heruntergewirtschaftete Welt hinterlassen. Umso wichtiger ist es, dass wir mit Marktwirtschaft, Innovationen und Investitionen auf Green Growth – Grünes Wachstum – umsteuern. Umso wichtiger ist es auch, dass wir uns nicht mit scheinbar so naheliegenden Lösungen, wie Degrowth oder einer Kriegswirtschaft zufrieden geben.

© Der/die Autor(en), exklusiv lizenziert an Springer Fachmedien Wiesbaden GmbH, ein Teil von Springer Nature 2023
H. Naumer, *Grünes Wachstum*, essentials,
https://doi.org/10.1007/978-3-658-42629-3_7

Was Sie aus diesem *essential* mitnehmen können

- In Anbetracht bestehender und zukünftiger Verteilungskonflikte und die Nachhaltigkeitsziele der Vereinten Nationen ist Wachstum keine Frage des „Ob", sondern des „Wie". Eine Herausforderung, der sich ein marktwirtschaftlicher Ordnungsrahmen stellen muss.
- Gefragt sind marktwirtschaftliche Lösungen, keine „Kriegswirtschaft", denn für den Übergang zum grünen Wachstum muss es gelingen, Wachstum und Treibhausgasemissionen weiter zu entkoppeln und eine Net-Zero-Wirtschaft zu erreichen.
- Um den Klimawandel zu stoppen, muss der Ausstoß von Klimagasen ein Preisschild bekommen. Nur dann sind die Preise kosteneffizient und es bestehen entsprechende Anreize die Emissionen zu reduzieren.
- Ein Klimaclub ist eine wichtige Ausbaustufe dafür, dass zu einer möglichst globalen Bepreisung von Klimagasen kommt.

© Der/die Herausgeber bzw. der/die Autor(en), exklusiv lizenziert an Springer Fachmedien Wiesbaden GmbH, ein Teil von Springer Nature 2023
H. Naumer, *Grünes Wachstum,* essentials,
https://doi.org/10.1007/978-3-658-42629-3

Literatur

AEU. 2015. 70 Jahre Denkschrift des Freiburger Bonhoeffer-Kreises. https://www.aeu-onl ine.de/fileadmin/user_upload/pdf/publikationen/2015AEU_FD70_web.pdf. Zugegriffen: 28. Juni 2023.

Agora Energiewende und Guidehouse. 2021. Making renewable hydrogen cost-competitive: Policy instruments for supporting green H_2. https://www.agora-energiewende.de/en/pub lications/making-renewable-hydrogen-cost-competitive/. Zugegriffen: 20. Jan. 2022.

Berger, Christoph. 2021b. Investieren für eine bessere Welt – ESG-Faktoren als integraler Bestandteil des Investmentprozesses. In *Vermögensbildungspolitik: Wohlstand steigern – Ungleichheit verringern – Souveränität stärken*, Hrsg. Hans-Jörg. Naumer, 249–264. Wiesbaden: Springer Fachmedien Wiesbaden; Imprint Springer Gabler.

Berger, Roland. 2021a. GreenTech made in Germany. 2021. Umwelttechnik-Atlas für Deutschland, 689. https://www.bundesregierung.de/breg-de/suche/greentech-made-in-germany-2021a-1893778. Zugegriffen: 21. Jan. 2022.

BMF. 2021. Bundesregierung will internationalen Klimaclub gründen. https://www.bundes finanzministerium.de/Content/DE/Pressemitteilungen/Finanzpolitik/2021/08/20210825-bundesregierung-will-internationalen-klimaclub-gruenden.html. Zugegriffen: 26. Jan. 2022.

Boetius, Antje, Alexander Bonde, Ottmar Edenhofer, Lars P. Feld, Clemens Fuest, Ralf Fücks, Veronika Grimm, Karl Haeusgen, Justus Haucap, und Gerald Haug. 2021. Klimaschutz beschleunigen: marktwirtschaftlich, sozial, global: Dieser Text wurde am 18.11.2021 den Verhandlungsparteien für den Koalitionsvertrag zur Verfügung gestellt. www.dbu.de. Zugegriffen: 20. Jan. 2022.

CDP Europe. 2020. Annual Report 2019–2020. https://www.cdp.net/en. Zugegriffen: 20. Jan. 2022.

D'Aprile, Paolo, Hauke Engel, Godart van Gendt, Stefan Helmcke, Solveigh Hieronimus, Tomas Nauclér, Dickon Pinner, Daan Walter, und Maaike Witteveen. 2020. Net-Zero Europe: Decarbonization pathways and socioeconomic implications, 972. https://www.mckinsey.com/business-functions/sustainability/our-insights/how-the-european-union-could-achieve-net-zero-emissions-at-net-zero-cost. Zugegriffen: 21. Jan. 2022.

Demary, Vera, Jürgen Matthes, Axel Plünnecke, und Thilo Schaefer. 2021. Gleichzeitig: Wie vier Disruptionen die deutsche Wirtschaft verändern – Institut der deutschen Wirtschaft, 592. https://www.iwkoeln.de/studien/wie-vier-disruptionen-die-deutsche-wir tschaft-veraendern-herausforderungen-und-loesungen.html. Zugegriffen: 21. Jan. 2022.

© Der/die Herausgeber bzw. der/die Autor(en), exklusiv lizenziert an Springer Fachmedien Wiesbaden GmbH, ein Teil von Springer Nature 2023
H. Naumer, *Grünes Wachstum*, essentials,
https://doi.org/10.1007/978-3-658-42629-3

Diermann, Ralph. 2018a. Wüstenstrom für Europa: Was wurde aus Desertec? *DER SPIE-GEL*, 25. März.

Diermann, Ralph. 2018b. Energiewende – KI soll Probleme im Stromnetz lösen. *Süddeutsche Zeitung*, 22. Dezember.

EIB. 2014. Restoring EU competitiveness. https://www.eib.org/en/. Zugegriffen: 20. Febr. 2022.

Eubel, Paul, und Hans-Jörg Naumer. 2022. Die Vermessung der Nachhaltigkeit. https://mak ronom.de/esg-ratings-die-vermessung-der-nachhaltigkeit-42787. Zugegriffen: 28. Juni 2023.

Eubel, Paul, und Hans-Jörg Naumer. 2023. Die Vermessung der Nachhaltigkeit - Teil 2. https://makronom.de/die-vermessung-der-nachhaltigkeit-teil-2-44327. Zugegriffen: 28. Juni 2023.

Eucken, Walter. 2004. *Grundsätze der Wirtschaftspolitik*, 7. Aufl. Tübingen: Mohr Siebeck.

European Commission. 2018. Technical expert group on sustainable finance (TEG), 547. https://ec.europa.eu/info/publications/sustainable-finance-technical-expert-group_en. Zugegriffen: 21. Jan. 2022.

Friede, Gunnar, Timo Busch, und Alexander Bassen. 2015. ESG and financial performance: Aggregated evidence from more than 2000 empirical studies. *Journal of Sustainable Finance & Investment* 5(4):210–233. https://doi.org/10.1080/20430795.2015.1118917.

Gehrke, Birgit, und Ulrich Schasse. 2013. Umweltschutzgüter – wie abgrenzen? Methodik und Liste der Umweltschutzgüter. https://www.umweltbundesamt.de/publikationen/umw eltschutzgueter-wie-abgrenzen-methodik-liste. Zugegriffen: 20. Jan. 2022.

Gläser, Anne. 2021. Klimaclub: So könnte ein Klimaclub gelingen. *Die Zeit*, 1. November.

Global Compact Network Germany. 2021. Initiative for corporate sustainability, 959. https://www.globalcompact.de/en/. Zugegriffen: 21. Jan. 2022.

Göllinger, Thomas. 2021. *Energiewende in Deutschland: Plurale ökonomische Perspektiven*. Wiesbaden: Springer Fachmedien Wiesbaden GmbH.

Gottwald, Franz-Theo. 2019. Klimapositive, nachhaltige Landwirtschaft geht! In *Soziale Marktwirtschaft ökologisch erneuern: Ökologische Innovationen, wirtschaftliche Chancen und soziale Teilhabe in Zeiten des Klimawandels*, Hrsg. Ralf Fücks und Thomas Köhler, 269–286. Berlin: Konrad-Adenauer-Stiftung

Grimm, Veronika. 2020. Global Challenges: Kann ein Klimaclub die Welt retten? – Politik – Tagesspiegel. *Der Tagesspiegel*, 2. Dezember.

Grimm, Veronika. 2022. Wer Tempo beim Klimaschutz will, darf den Umbau nicht behindern. *Frankfurter Allgemeine Zeitung*, 8. Februar.

Hayek, Friedrich A. 2017. Competition as a discovery procedure. *Quarterly Journal of Austrian Economics*, https://mises.org/library/competition-discovery-procedure-0. Zugegriffen: 10. Juni 2022.

Hellstern, Tom, Kimberly Henderson, Sean Kane, und Matt Rogers. 2021. Innovating to net zero: An executive's guide to climate technology, 653. https://www.ourenergypolicy.org/resources/innovating-to-net-zero-an-executives-guide-to-climate-technology/. Zugegriffen: 21. Jan. 2022.

Herrmann, Ulrike. 2022. *Das Ende des Kapitalismus*. Kiepenheuer & Witsch. Köln.

HM Treasury. 2006. Stern review final report, 556. https://webarchive.nationalarchives.gov.uk/ukgwa/20100407172811/http://www.hm-treasury.gov.uk/stern_review_report.htm. Zugegriffen: 21. Jan. 2022.

Hüther, Michael. 2022. Banken als Richter über grüne Geschäfte. *Frankfurter Allgemeine Zeitung,* 7. Januar.

Hydrogen Council. 2021. Hydrogen Insights 2021, 774. https://hydrogencouncil.com/en/hyd rogen-insights-2021/. Zugegriffen: 21. Jan. 2022.

IEA. 2021. Net zero by 2050: A roadmap for the global energy sector, 558. https://www.iea.org/reports/net-zero-by-2050. Zugegriffen: 21. Jan. 2022.

Ioannou, Ioannis, und George Serafeim. 2015. The impact of corporate social responsibility on investment recommendations: Analysts' perceptions and shifting institutional logics. *Strategic Management Journal* 36(7):1053–1081. https://doi.org/10.1002/smj.2268.

IPCC. 2021. Sechster IPCC-Sachstandsbericht, 275. https://www.de-ipcc.de/250.php. Zugegriffen: 21. Jan. 2022.

IRENA. 2021. World energy transitions Outlook: 1.5°C pathway, 067. https://irena.org/pub lications/2021/Jun/World-Energy-Transitions-Outlook. Zugegriffen: 21. Jan. 2022.

Jahn, Thomas. 2021. Hightech ermöglicht, Klima und Wohlstand gleichermaßen zu retten. *Handelsblatt,* 23. Dezember.

Kempkens, Wolfgang. 2022. Milliarden Tonnen Klimagas sollen in die Textilfalle. *Frankfurter Allgemeine Zeitung,* 25. Januar.

Klaas, Lenaerts, Simone Tagliapietra, und Guntram B. Wolff. 2021. Can climate change be tackled without ditching economic growth. https://www.bruegel.org/2021/09/can-cli mate-change-be-tackled-without-ditching-economic-growth/. Zugegriffen: 20. Jan. 2022.

Kotz, Maximilian, Leonie Wenz, Annika Stechemesser, Matthias Kalkuhl, und Anders Levermann. 2021. Day-to-day temperature variability reduces economic growth. *Nature Climate Change* 11(4):319–325. https://doi.org/10.1038/s41558-020-00985-5.

Krahnen, Jan Pieter, Jörg Rocholl, und Marcel Thum. 2021a. A primer on green finance: From wishful: From wishful thinking to marginal impact. *SAFE White Paper* (87).

Krahnen, Jan Pieter, Jörg Rocholl, und Marcel Thum. 2021b. Grüne Finanzierung und grüne Staatsanleihen – Illusion und Wirklichkeit. https://www.ifo.de/publikationen/2021b/aufsatz-zeitschrift/gruene-finanzierung-und-gruene-staatsanleihen-illusion-und. Zugegriffen: 9. Febr. 2022.

Maxton, Graeme. 2016. *Reinventing prosperity: Managing economic growth to reduce unemployment, inequality and climate change.* New York: Greystone Books.

McAfee, Andrew. 2019. *More from less: The surprising story of how we learned to prosper using fewer resources – and what happens next.* New York: Simon & Schuster.

McKinsey. 2021. Net-Zero Deutschland: Chancen und Herausforderungen auf dem Weg zur Klimaneutralität bis 2045. https://www.mckinsey.de/news/presse/studie-net-zero-deutsc hland-klimaneutralitaet-chancen-herausforderungen. Zugegriffen: 20. Jan. 2022.

Meadow, Dennis. 1972. *Die Grenzen des Wachstums: Bericht des Club of Rome zur Lage der Menschheit.* Deutsche Verlagsanstalt. München.

Milanovic, Branko. 2021. Degrowth: Solving the impasse by magical thinking, 890. https://brankomilanovic.substack.com/p/degrowth-solving-the-impasse-by-magical?r=e47hz& utm_campaign=post&utm_medium=web&utm_source=twitter. Zugegriffen: 21. Jan. 2022.

Müller, Christian. 2018. Eigentum: Eine ordnungsökonomische Perspektive. In *CSR und Mitarbeiterbeteiligung: Die Kapitalbeteiligung im 21. Jahrhundert – Gerechte Teilhabe statt Umverteilung,* Hrsg. Heinrich Beyer und Hans-Jörg Naumer, 11–27. Berlin: Springer Berlin Heidelberg.

Naumer, Hans-Jörg. 2021. Kapital- trifft Anlagenotstand: Vermögensbildung als Quer-
schnittsaufgabe der Politik. In *Vermögensbildungspolitik: Wohlstand steigern – Ungleichheit verringern – Souveränität stärken*, Hrsg. Hans-Jörg. Naumer, 79–85. Wiesbaden:
Springer Fachmedien Wiesbaden; Imprint Springer Gabler.

Naumer, Hans-Jörg, und Burcin Yurtoglu. 2022. It is not only what you say, but how you say
it: ESG, corporate news, and the impact on CDS spreads. *Global Finance Journal* 52.
Article 100571

Nordhaus, William. 2015. Climate clubs: Overcoming free-riding in international climate
policy. *American Economic Review* 105(4):1339–1370. https://doi.org/10.1257/aer.150
00001.

Nordhaus, William D. 1993. Reflections on the economics of climate change. *Journal of
Economic Perspectives* 7(4):11–25. https://doi.org/10.1257/jep.7.4.11.

OECD. 2011. Towards green growth: A summary for policy makers. www.oecd.org.

OECD. 2017. Investing in Climate, Investing in Growth | en | OECD. https://www.oecd.org/
env/investing-in-climate-investing-in-growth-9789264273528-en.htm. Zugegriffen: 21.
Jan. 2022.

Petersen, Thieß. 2021. *CO2 zum Nulltarif?: Warum Treibhausgasemissionen einen Preis
haben müssen*. Gütersloh: Bertelsmann Stiftung.

Pross, Tobias C. 2021. #FinanceForFuture durch Aktives Management. In *Vermögensbil-
dungspolitik: Wohlstand steigern – Ungleichheit verringern – Souveränität stärken*, Hrsg.
Hans-Jörg. Naumer, 227–237. Wiesbaden: Springer Fachmedien Wiesbaden; Imprint
Springer Gabler.

Ringel, Marc. 2021. *Umweltökonomie*. Springer Gabler. Wiesbaden.

Rockefeller Capital Management. 2021. ESG and Financial Performance: Uncovering the
Relationship by Aggregating Evidence from 1,000 Plus Studies Published between 2015–
2020. *Working paper*.

Sachverständigenrat für Wirtschaft. 2021. Jahresgutachten 2021/2022: Transformation
gestalten: Bildung, Digitalisierung un Nachhaltigkeit, 832. Zugegriffen: 21. Jan. 2022.

Slimane, Mohamed Ben, Mahtani, Vivek, und Dany Da Fonseca. 2020. Facts and Fantasies
about the Green Bond Premium. *Working paper*. https://doi.org/10.13140/RG.2.2.19600.
84486.

UNCTAD. 2014. World Investment Report 2014. https://unctad.org/webflyer/world-invest
ment-report-2014. Zugegriffen am 20. Juni 2022.

Weeber, Joachim. 2020. *Klimawandel und Finanzmärkte*. Wiesbaden: Springer Fachmedien
Wiesbaden GmbH.

World Health Organisation. 2021. Household air pollution and health, 295. https://www.
who.int/news-room/fact-sheets/detail/household-air-pollution-and-health. Zugegriffen:
21. Jan. 2022.

Printed in the United States
by Baker & Taylor Publisher Services